京都たのしい御朱印カタログ

片山直子

朝日新聞出版

はじめに

御朱印は、お寺や神社を参拝して、その証としていただくもの。
それだけ聞くと、あぁそうね。で終わってしまいます。
でも実はとても奥深くて、魅力的！
風物が美しく描かれたもの。力強いメッセージがこもった墨書。
朱印と墨書だけのシンプルな御朱印も、
じっくり見れば、意味のある一体。
同じ御朱印は一体としてなく、自分だけに授与されるもの。
いただかなければ、もったいない！
たくさんの御朱印と出会ううちに一層、
お寺、神社めぐりが好きになり、
次はどこへお参りに行って、どの御朱印をいただこうかなと
ワクワクする時間も楽しくなることでしょう。
やむをえず外出できずお寺や神社に行けなくても、
遥拝（ようはい）ということで、遠くから授与してくださる所もあります。
おうち時間を、神仏と一緒に楽しむ。そう思えたら素敵です。

出かけられるようになったら、
すてきな御朱印との出会いをたのしみに、
ぜひ京都へおこしやす！

片山直子

目次

3
見逃せない！京の十二ヶ月
97

4
ビギナーも安心 めぐり旅
159

5
お好みに合わせて テーマ別
195

巻末特集
御朱印帳 CATALOGUE

本書の使い方

❶ 名称

紹介している神社やお寺の名称を表記

❷ 御朱印の名称

紹介している御朱印の名称と、料金、通年もしくは期間限定かを記載

❸ 御朱印DATA

上から授与所の受付時間、通年で授与される御朱印の種類、限定で授与される御朱印の種類、御朱印の郵送対応の可否、URLを記載

❹ データ

上からエリア名、電話番号、住所、拝観時間、料金、アクセス、定休日、駐車場を記載

10月

東林院 ◎梵燈のあかりに親しむ会

静寂の中で願う特別タイム
心落ち着く安らぎ御朱印

136 参拝記念

- 300円
- 期間限定

力強くもはかなく散る沙羅の花を表現。通常非公開だが、宿坊として利用できることから京の宿坊の文字も。季節の催事によっては沙羅の印が押されることもあるので、訪れる度に授与いただきたい。

心洗われる美しさ

御朱印DATA

小豆粥で初春を祝う会1月15日～31日（11:00～15:00）、沙羅の花を愛でる会6月15日～30日（9:30～16:00）、梵燈のあかりに親しむ会10月16日～25日（18:00～21:00）

1種類

不可

秋の夜をはかなく灯す梵燈にうっとり

沙羅の花の落下の風情が楽しめることから、「沙羅双樹の寺」として知られる寺院。10月16日から25日までは梵燈のあかりに親しむ会が開かれ、期間中のみ参拝可能です。小さな明かりを灯すあかり瓦「梵燈」は、住職の手作り。参拝者が思い思いの時間を過ごす心穏やかな空間です。

妙心寺 TEL075-463-1334

㊟ 京都市右京区花園妙心寺町59 ㊕ 通常非公開 ㊎ 行事により異なる ㊋ 市バス妙心寺前から徒歩6分 ㊡ 通常非公開 Ⓟ 10台

禅語に習った漢字も灯される

耳ヨリ！POINT ☑ 力強くも心落ち着く御朱印

146

❺ アイコン

境内でWi-Fiが使用できる

お食事処あり

バリアフリー（車椅子対応）

カフェ・お茶処あり

- 本書は、おすすめの京都の御朱印を、BEST30、京の12ヶ月、めぐり旅、テーマ別に分けて紹介しています。目次を参照して、興味がある御朱印を探してみてください。
- 拝観時間は、開門～受付終了時間を表示しています。
- 施設利用に料金が必要な場合、大人料金を表示しています。
- 定休日は、原則としてGW、お盆、年末年始を除く定休日のみ表示しています。詳細は各社寺にお問い合わせください。
- 御朱印は年や時節により意匠が変わることが多く、写真と同じものがないことがあります。
- 本書に掲載したデータは、2020年9～10月に確認した情報です。新型コロナウイルス感染症の影響により、拝観や行事、御朱印の授与の中止などの場合があります。また、掲載社寺の拝観時間や定休日などが変更される場合がありますので、ご利用の際は必ず事前にご確認のうえ、お出かけください。

※ 原則として取材時点での税率をもとにした消費税込みの料金を掲載していますので、ご利用の際はご注意ください。
※ 本誌に掲載された内容による損害等は弊社では補償しかねますので、あらかじめご了承ください。

1)

まずは知りたい

御朱印Q&A

CHAPTER 1 : QUESTION&ANSWER

御朱印 Q&A 壱

寺院の御朱印って何ですか？

いろいろあるけど

案内人
雲林院（うんりんいん）宗碩（そうせき）さん
大本山建仁寺塔頭 霊源院住職

御朱印ブームが定着してきた昨今。そもそも御朱印って何でしょう。御住職から深イイお話を沢山聞かせていただきました！

Q 御朱印って、何でしょう？

Ⓐ いつから授けたかは不明ですが、もとは写経を仏様に納めた時に授与する納経印でした。今では写経を納めなくても、仏様にお参りした証として授与しますが、ただの証明書ではありません。御朱印を仏様と考えてありがたく受け取り、集めて回るのではなく仏様を預かる感覚でいてほしいものです。

お寺へ行ったらまずは仏様に参拝します。仏様と出会えたことを喜び、「ようこそお越しくださいました」とお迎えする気持ちで御朱印を授かってください。

霊源院の毘沙門天立像

Q 御朱印の数え方は？

Ⓐ 人により考えは様々ですが、祈願されない御朱印でも仏様と思い大切にすれば、御朱印を授かった人にとって、仏様そのものになります。ですから御朱印は一体、二体と数えてよいと思います。

Q 御朱印の魅力とは？

Ⓐ 寺院名や本尊名が書かれていることが多いので、どのような寺、仏様なのか調べてみては？ 知ることは仏様に近づく一歩です。

墨書は、宗派の教えによる言葉が書かれていることが多く、各派の特色があります。墨書の意味を調べても面白いですよ。すべての御朱印は、お釈迦様からのメッセージ。生きにくい現代、苦しみから救われる生き方のアドバイスを人々に伝える役目も、御朱印は担っています。

案内人PROFILE
花園大学卒業後、建仁寺派管長小堀泰巌老師のもとで修行、建仁寺塔頭霊源院の住職に。臨済宗連合各派布教師、京都観光おもてなし大使着任。

寺院の御朱印の見方

京都では多くの寺院でいろいろな御朱印をいただける。墨書や朱印の位置や意味、押印の数も異なるが、基本的な見方、読み方などを知っておきたい。

霊源院の御朱印

①
②
③
④
Ⓐ
Ⓑ

【墨書】(ぼくしょ、すみがき)

① **奉拝(ほうはい)**
慎んで拝みました、という意味。参拝しました、という意味。右上部分に書かれる場合も多い。

② **本尊名、ゆかりの仏など**
宗祖、開祖、高僧の名前、禅語、和歌など様々。

③ **寺院名**
寺院名の前に、寺院がある地名や寺号・山号が書かれることとも。

④ **参拝した日づけ**
和暦で書かれる。参拝した人の名前を一緒に書く寺院もある。

【朱印】(しゅいん)

Ⓐ 墨書で書かれる仏や人物に関係し、象徴する印が押される。御宝印、三宝印、梵字、寺紋など。霊源院の御朱印は、右手に仏舎利が入った水晶を持つ毘沙門天立像の姿印。

Ⓑ 寺名印 御朱印を授与するお寺の名前や、お堂の名前など。

ほかにも、寺号、霊場名と札所番号、寺院の霊蹟、勅願所、ゆかりの人物名や姿印、花や動物の印なども押されることがある。

御首題(ごしゅだい)について

「南無妙法蓮華経」の墨書は、御朱印ではなく御首題といい、日蓮宗の寺院で授けられる。ほかの宗派や神社の御朱印がある御朱印帳には授与されない場合もあるが、寺院によっては「妙法」と書いた御朱印がいただける。

御朱印 Q&A 貳

神社の御朱印は、どんなもの？

お寺だけでなく、神社でもいただける御朱印。授与所では聞けないアレコレを、神職さんに尋ねてみたら目からウロコなお話が！

案内人
東川楠彦（ひがしかわ くすひこ）さん
北野天満宮 権禰宜

Q 納経の証の御朱印をなぜ神社でも？

Ⓐ 古くより神社と寺院は神仏習合という密接な関係にあり、納経の習慣も引き継がれました。神社で授かる御朱印は、神様や神社に参拝した証です。神社に参拝するきっかけになればと思います。

御祭神 菅原道真公を祀る、北野天満宮の御本殿（国宝）

Q お札と御朱印の違いは？

Ⓐ お札とは神様を拝むための御璽（みしるし）であり、御神霊の宿るものです。御朱印は神社に参詣したお印ですが、お札と違うからといって決して粗末に扱ってはいけません。参詣のお印は神様からの「お下がり」と同じです。神様へのご祈願の暁に授かるものとして、お守りやお札と同様に大切にしてください。

Q 御朱印の種類が増えて悩みます

Ⓐ 神社の特色が表現される、様々な御朱印を授与しています。「これがほしいな」と思う御朱印が、その方にとってご縁があったもの。好きな御朱印を何体受けて頂いても問題ありませんので、大切にお持ちください。

Q 授与品の郵送について、どうお考えですか？

Ⓐ 本来、お札やお守り、御朱印など神社の授与品は、郵送で授与しません。でもコロナ禍や社会情勢などで、社寺へ行けない人がいるのも事実。諸事情によりどうしても参拝することができない方々に対して、郵送による授与など柔軟な対応も必要かと思います。

※各所の考えがあり郵送対応していない社寺もあります。

案内人PROFILE
國學院大學文学部神道学科を卒業後、北野天満宮に奉職。現在、北野天満宮権禰宜。神社広報及び文化行事関係の職務を担当。

神社の御朱印の見方

御朱印は、神社もお寺も参拝の証。神社とお寺の御朱印はどう違うのか、比べてみるのも面白そう。

北野天満宮の御朱印

①奉拝 Ⓐ ②令和二年一月一日 Ⓑ北野天満宮

北野天満宮の授与所は御本殿右側。巫女さんが受け付ける

【墨書】（ぼくしょ、すみがき）

① **奉拝（ほうはい）**
お寺の御朱印と同じく、慎んで拝みました、参拝しました、という意味。右上に書く場合が多い。山にある社では、「登拝」と書くこともある。

② **参拝した日づけ**
参拝した年月日が和暦で書かれる。

ほかにも、神社や神様が鎮座される土地名、神社名、御祭神名、祭事名、ゆかりの人物名、和歌などを書くことも。

【朱印】（しゅいん）

Ⓐ **神紋（しんもん）**
神社の紋章のことで、家紋のようなもの。ゆかりのある神木や植物、祭器具、伝承に基づくものなど。北野天満宮の神紋は、御祭神菅原道真公が愛した梅の花をかたどる、星梅鉢紋。

Ⓑ **神社印・神社名**
通称または正式名称の印。角印や丸印がある。印にも様々な種類があり、神社を象徴する印が多い。格式を表現する印、季節の印を押すこともある。

もう一度おさらい！

参拝方法

どこの社寺でも「御朱印は、参拝してから」と言われる。ここで参拝方法をチェック！

(1) 
鳥居や門をくぐる前に一礼

鳥居や参道の真ん中は避けて歩く

(2) 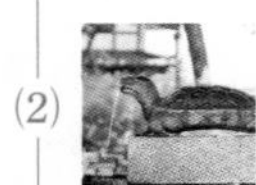
手水舎で手と口を清める

柄杓を使い左右の手、左手で水を受けて口をすすぐ、左右の手（最後の右手は柄ごと）。柄杓が無い場合は、柄杓を使わずに行う

(3) 
拝殿で鈴、お賽銭、二礼二拍一礼（神社のみ。お寺では手を打たない）、**感謝と祈願**

鈴の緒や紐が使えない場合は、鈴は鳴らさない。お賽銭は投げ入れない。お寺は焼香、線香をあげる。

御朱印 Q&A 参

御朱印めぐりの楽しみ方

じわじわハマるよ!

社寺めぐり、御朱印めぐりがライフワークという、京都在住の梓さんに教えてもらいました。御朱印の魅力、楽しみ方の秘訣!

案内人
梓(あずさ) 結実(ゆみ)さん
御朱印ライター、文筆家

Q なぜ御朱印を授かるように?

Ⓐ もともと社寺めぐりが好きでした。京都には神社やお寺が多く、社寺めぐりがしやすい都市だと思います。御朱印を授かるようになったのは、約十年前から。社寺の方が直接、私自身の御朱印帳に御朱印を書いてくださることに感動し、とてもありがたく感じました。最近は行事や季節限定御朱印などもあり、さらに特別感が増しています。

御朱印帳を開くと、その時の思い出が蘇ってくるのだそう

Q 御朱印を授かる喜びは?

Ⓐ 神仏はもちろん、御朱印を受ける際、社寺の方とお話しする機会を得られることもあり、様々なご縁をいただけることに喜びを感じています。社寺の行事を見たり参列したり、また、神仏や社寺についてもっと知りたい、学びたいという知的好奇心も湧いてきます。自分の知識を高めるきっかけにもなっています。

Q そのほか、おすすめは?

Ⓐ 社寺めぐりはたくさん歩くので足腰が丈夫になるし、健康的になれます。神聖な気が満ちる社寺でパワーをいただいて、英気を養いましょう。御朱印帳を開いた時に、御朱印の墨や朱の香りで思い出が蘇り、神仏とのつながりやご加護も感じられることでしょう。無事で元気にお参りし、御朱印をいただけたこと、すべてが神仏に感謝です。京都のお寺や神社をめぐり尽くしたら、御朱印帳は何冊になるか楽しみですね!

案内人PROFILE
書籍や雑誌の企画・編集・執筆を手がける。京都の社寺めぐりが大好きで、御朱印にも精通。著書に『まだまだあります 京都の御朱印Ⅱ』(淡交社)などがある。

御朱印帳について

授与所へ行くとみんなが持っている、ハードカバーの本みたいな御朱印帳。選ぶポイントや使う前の準備などこれを押さえておくと安心。

梓さんの御朱印帳。デザインも色も様々で見ているだけで楽しくなる

御朱印帳ってノートではダメなの？

御朱印専用の帳面で、社寺で直接書いてもらったり（直書き・じかがき）、紙でもらった御朱印（書置き・かきおき）を貼ったりします。毛筆で書きやすく、墨が裏うつりしないよう工夫されています。ノートでは書きにくく、墨が紙にしみ込まないので×。（失礼だと考える方も）

どこで買えるの？

御朱印を授与する社寺では、御朱印帳も売っていることがほとんど。最近は社寺のオリジナル御朱印帳も多様化し、秀逸なデザインが多いので要チェック。雑貨店や文具店などでも販売されています。

出かける時は忘れずに！忘れたら書置きをいただいて

買ったらどうするの？

表紙に白い紙が貼られていたら、そこに「御朱印帳」と名前を書きましょう。社寺で購入した場合は、御朱印を直書きする際に、一緒に書いてくださることも。表紙の裏に住所も書いておきましょう（表紙に名前を書かない人は、住所と一緒に必ず名前も）。授与所が長蛇の列だった時、御朱印帳を預ける場合があります。そのまま忘れて帰ってしまう人、意外と多いそうです。

保管について教えて！

一冊や二冊なら、神棚、仏壇に置いておくのもいいですが、数冊になったら本棚や、御朱印帳を仕舞う専用箱を使っても。置く場所は常に清浄に。神様、仏様と同じと考えて。

これもあると便利！

必携グッズにプラス

御朱印帳袋

ツウは、お寺用と神社用に分けて御朱印をいただくそう。2冊が入る大きさで、しっかりした縫製の袋がおすすめ。（petit à petit→P.249）

御朱印帳の留め具

蛇腹式の御朱印帳はうっかり広げるとバラバラに！御朱印帖ゴムバンドが重宝。（證安院 売り切れ次第終了 1個800円→P.22）

しおり

次に書いてほしいところに挟んでおこう。（城南宮→P.246）

初心者も上級者も、知ってて安心

御朱印のいただき方

初めて御朱印をいただく時は、誰もがドキドキするもの。
ハウツーを知っていたら、御朱印デビューもスマートに！

北野天満宮の朱印所はお守りやお札の授与所と同じ。御朱印授与の看板があるところも多い。神社では神職や巫女、職員が書いてくれる

いただき方の流れ

① **参拝**
お寺は本堂で御本尊を、神社は本殿で御祭神を拝む。境内を参拝し、最後に御朱印をいただく※参拝より先に御朱印帳を預ける場合もある。朱印所で確認してから参拝するのはOK

② **授与所へ**
各社寺によって異なるが、お守やお札の授与所、御朱印専用の授与所、寺務所や社務所でいただける

③ **準備**
・御朱印が数種類あるところでは、書いてほしい御朱印を選んでおく
・御朱印袋から帳面を取り出し、カバーやしおり、挟み紙などは外しておく
書いてほしいページを開いて渡す

④ **お金**
お寺では志納金、神社では初穂料（はつほりょう）と呼ぶ。お釣りが出ないように小銭を納めるのが基本。1万円札はやめましょう！

⑤ **待つ**
書いていただいている間は、おしゃべりなどせず静かに待つ。書いてくださる人に背を向けるのはNG

⑥ **退出**
お礼を言って退出し、次の人に順番をゆずる

服装CHECK

神様仏様に失礼のない服装ならOK

- ☐ **肌の露出が少ない、動きやすい服**
- ☐ **体験などは、フレアスカートやパンツ**（膝を崩して座ってもバレにくい）
- ☐ **ローヒールの靴、スニーカーなど**（サンダルは裸足だからダメ）
- ☐ **靴下、ストッキング**（お堂や社殿に裸足で上がってはダメ）
- ☐ **帽子、日傘**（日影が少ないところも）
- ☐ **カーディガンなど羽織れるもの**（社寺は意外と暑くて寒い）

持ち物CHECK

参拝する時にあると良いもの

- ☐ **御朱印帳**（1冊か2冊）
- ☐ **御朱印帳袋**（御朱印帳がカバンの中で開いてしまうのを防げる。2冊入るものがいい）
- ☐ **靴袋・エコバッグ**（下駄箱がない、または靴を置けない時のため）
- ☐ **小銭**（お賽銭やおみくじを引く時のために）
- ☐ **水やお茶**（境内に自販機がない社寺も多い）
- ☐ **マスク**（コロナ対策）

2)

オススメはコチラ

BEST30

CHAPTER 2： BEST SELECTION 30

BEST30
手描き

圓常院（えんじょういん）

P.244

001　金銀双龍降臨図

- 2000円
- 通年

金銀の龍が空から降りてくる様子が御朱印に。仏法を守るという龍のパワーが、小さな悩みからも守ってくれそう。住職が絵入りの御朱印を描き始めた頃から授与されている、大人気の一体。

メタリックな龍が悩みを吹き飛ばす！

住職自らが筆を取る、予約制の大人気御朱印

絵入りの御朱印を授与するようになって三年目。ある時、いただいてくれる人が喜んでくれたことから御朱印に絵を添えるようになったそう。もともと絵心があった住職が描く絵は、ダイナミックでオリジナリティにあふれています。図柄は定番の龍、風神雷神図などのほか、アニメのキャラクター、人気俳優も手掛けるマルチぶり。早いものでは十分くらいで描き上げるという、住職の筆さばきも見どころ。非公開寺院なので、御朱印の依頼はツイッター参照後、ショートメールで連絡を。

耳ヨリ！POINT　☑ 描くところを生で見られる

002　風神雷神図

- 2000円
- 通年

風神雷神もユーモラスに描かれる。今にも御朱印から飛び出しそうな躍動感を見ているだけで元気が湧いてくる。コピーや印刷ではないので、同じ御朱印であっても絵柄が少しずつ違うのはご愛敬。

動き出しそうな
大迫力！

御朱印DATA

- **時間** Twitter参照（来寺は要ショートメール）
- **通年** 6種類くらい
- **限定** 季節、行事により授与あり、リクエストにも応じてもらえる。Twitter参照
- **郵送** 可（要ショートメール）
- **URL** https://twitter.com/myorenja

妙蓮寺境内にある塔頭寺院のひとつ。門を通ると、がん封じの赤球石霊験（せっきゅうせきれいげん）大明神の社がある

堀川寺ノ内　TEL 080-1487-6633(要ショートメール)

㊟ 京都市上京区寺ノ内通大宮東入ル妙蓮寺内　㊕ 通常非公開（9:00～16:00 ※来寺は要ショートメール）　¥ 通常非公開　㊂ 市バス堀川寺ノ内からすぐ　㊡ 通常非公開（Twitter参照）　Ⓟ あり

圓常院（えんじょういん）

003　七福神ミョーレンジャーコラボ宝船

- 4000円
- 通年

七福神と賑やかに幸せを運んでくれそうなミョーレンジャーとは、住職が考案した西陣のローカルヒーローで、妙法蓮華経から名付けられた。絵柄変更も可。（御朱印帳代込みは6000円）

住職が考えたキャラと七福神が合体!?

004　赤鬼青鬼でんでん太鼓

- 2000円
- 通年

でんでん太鼓の皮の部分が赤鬼青鬼になっている。鬼の顔がまったく怖くないどころか、笑いを誘う可愛らしさ。圓常院で授与される御朱印は、御朱印帳に直接書かれる。御朱印帳の持参をお忘れなく。

泣く子も笑顔になりそう

御朱印帳の絵は、鬼と龍の2種類。御朱印帳を持って行くのを忘れたら、ぜひ購入を！(←P.244)

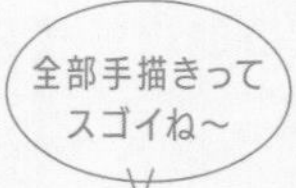

住職が描くとこんなにキュート♡

005
アマビエ御朱印

- 1000円　-通年

コロナウイルスまん延の収束、病魔退散、厄疫退散を願って描かれたアマビエ。妖怪らしからぬ可愛さがいい。御朱印帳への直書きが基本だが、あらかじめ紙に書いた書置きも用意されている。

圓常院（えんじょういん）

一冊まるごと!?
ありがたさの極み!!

006　まるごと御朱印

- 10000円
- 通年

御朱印帳まるまる1冊、全ページに手描きの絵とお経が書かれる贅沢な御朱印。御朱印帳持参の場合は、11山22ページの普通サイズで。その場で書いて授与は不可、郵送か後日受け取りになる。

郵送対応可、問合せは
ショートメールで！

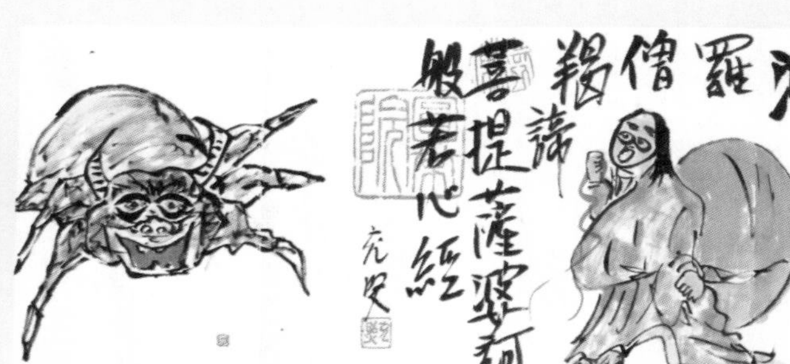

007　渡月橋と舞妓（令和２年春）

- 1000円
- 期間限定

毎年、季節によってデザインは変わる。舞妓さんと風景は、墨でさらりと描かれている。よく見ると同じ御朱印でも、押されているスタンプの柄や色が違う。参拝した際は、気に入った御朱印を選べる。

BEST30 手描き

證安院

P.169
P.245

舞妓さんが
嵐山を散策する姿

感性あふれる図案も彩りも雅な御朱印

有名寺院が数多くある小倉山の麓、鳥居本へ向かう観光者が歩く道沿いにある證安院。御朱印を書くのは、住職のお母様。四季折々の風景、風物とお地蔵さんや舞妓さんが描かれる御朱印は、大変な人気。毎回新しくデザインを考えるのも「生みの苦しみかしらね」と言いつつ楽しそうです。達筆としか言いようがない墨書も、一体一体丁寧に書かれます。玄関から上がるとずらりと並ぶ御朱印の奥に、本尊が安置されるのでまずはお参りを。御朱印はいずれも書置きのみ。

耳ヨリ！POINT　☑ お寺へ行くと御朱印が選べる

008 お地蔵さん 無上尊(令和2年秋)

- 800円
- 期間限定

無上尊とはお寺に残る名僧・山崎弁栄聖者筆「無上尊」の扁額から、この上なくありがたい本尊の阿弥陀如来のこと。お地蔵さんは、御朱印を描き始めた頃より、顔が可愛くなっているそう。

見ていて飽きない
お地蔵さん

御朱印DATA

- 時間 14:00～16:00(月・水曜休・電話もNG、ほかTwitter参照)
- 通年 絵入りはなし
- 限定 期間・枚数限定の御朱印あり、Twitter参照
- 郵送 可・数種類(Twitter参照、申込方法の案内あり)
- URL https://twitter.com/shouanin_kyouto

お寺の門には生け花が。境内に大きなサツキがあったことから「さつき寺」とも呼ばれた

嵯峨野 TEL 080-9161-1141(御朱印専用)

㊟ 京都市右京区嵯峨二尊院門前善光寺山町22 ㊔ 14:00～16:00(法務の都合で拝観できない場合あり) ¥ 無料 ㊋ JR嵯峨嵐山駅から徒歩25分 ㊡ 月・水曜 Ⓟ 10台

證安院（しょうあんいん）

009　御朱印帳７ページ

- 4800円
- 期間限定

表裏の装丁にもお地蔵さんが描かれたオリジナルの御朱印帳に、初めのページに一体、見開きの御朱印が三体描かれている。季節に合わせて描かれるので、写真は春に授与された過去のもの。

御伽草子のような御朱印帳

010　星にねがいを

- 1000円
- 期間限定

和紙の台紙もとてもきれいな、笹飾りのスタンプに囲まれたお地蔵さんの御朱印。星空に手を合わせるお地蔵様が「どうぞ皆さんのお願い事が叶いますように！」と祈ってくれているのかも。

七夕時期だけの限定御朱印

お地蔵さんがプリントされる御朱印帳。御朱印なしは1冊2200円

011　満月と御詠歌（ごえいか）

- 1000円
- 期間限定

紅葉散る夜空の満月をうっとり眺めるような2羽のウサギ。金色に光る満月に墨書されるのは、お寺に伝わる御詠歌。「紫の雲のおりいる山里に 心の月やへだてなるらん」と読む。

歌と月がロマンチック！

BEST30 手描き

長興院（ちょうこういん）

P.245

012　龍の御朱印

- 1000円
- 通年

たっぷりとした墨で大きく描かれた龍が、こちらを見ている。横から見ても斜めから見ても、龍と目が合う。まるで魂が入っているようで心強い！墨書は「大雄殿（だいゆうでん）」と書かれている。

達筆にして
豪快な龍

リズム感あふれる極太な筆さばき！

長興院は妙心寺の山内にある塔頭の一つで、普段は拝観できない非公開寺院です。妙心寺の南脇参道から入って石畳と白壁が続く道に置かれた、御朱印の絵が描かれた小さな立て看板が目印。御朱印は常時数種類準備されていますが、お目当てのものがないことも。多忙な住職らが描くため、すべて書置きでの授与になります。ほのかに墨の香りが残る迫力ある筆運びの絵は、今描かれたものかと思うほど。一体ずつ手描きされているので、どの御朱印も微妙に違っています。

耳ヨリ！POINT　予約拝観できる日あり。Twitterで告知

013 地蔵御朱印

- 1000円
- 通年

朱と墨だけで描かれる御朱印は、シンプルなのに優しさと温かみが伝わってくる。お地蔵さんと「和顔」という墨書のおかげで、人にも自分にも優しくなれたら世の中ハッピーになりそう！

柔和な姿に
心が和む

郵送してない
御朱印もあるで〜

御朱印DATA

時間 10:00〜16:00（火・水曜休、ほかTwitter参照）

通年 17種類、オリジナル御朱印帳

限定 月替わり2種、アマビエ（コロナ収束まで）、Twitter参照

郵送 可（種類に制限あり）

URL https://twitter.com/tyoukouin1

1581（天正9）年、織田信長の重臣・滝川一益が創建。その後、長興院と改名。写真は本堂と巖松の庭

妙心寺 TEL 075-465-0802

㊟ 京都市右京区花園妙心寺町63 ㊕ 通常非公開（予約拝観はTwitter参照） ¥ 通常非公開 ㊋ JR花園駅から徒歩10分 ㊡ 通常非公開 Ⓟ 妙心寺大駐車場利用可

長興院（ちょうこういん）

014　長興院オリジナル御朱印帳

- 6000円
- 通年

御朱印帳に御朱印が8面（4見開き）に直書きされる、御朱印ファンが泣いて喜ぶ1冊。郵送でもいただけるので、気になる人は早めに申し込んで。毎年御朱印、御朱印帳とも絵柄が変わる。

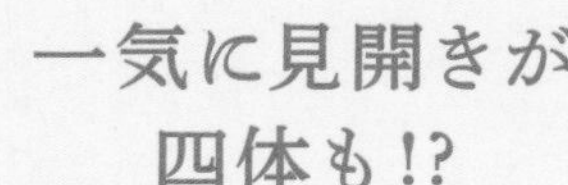

015　五輪御朱印

- 1000円
- 通年

金剛力士の力強い表情に、誰もが元気になる五輪の御朱印。コロナ禍で幻の東京五輪になるかもしれないけれど、開催を応援したい人は手に入れて。記念の一体となることは間違いなし！

オリンピックをみんなで応援！

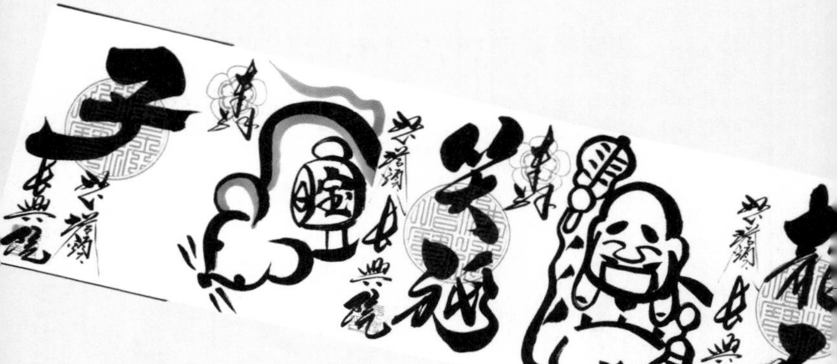

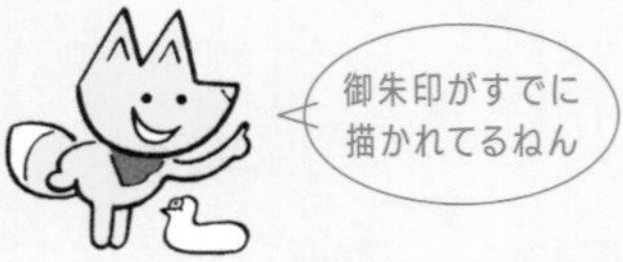
御朱印がすでに
描かれてるねん

016　月限定書置御朱印

- 1000円
- 期間限定

令和2年9月に授与された、桔梗の絵に紫清と墨書された御朱印。月替わりの御朱印は2種類を、1ヶ月にわたって書置きでのみ授与される。郵送対応もあり、絵柄チェックはTwitterで！

バージョン違いで毎月2種類

奉拝
紫清
妙心寺 長興院

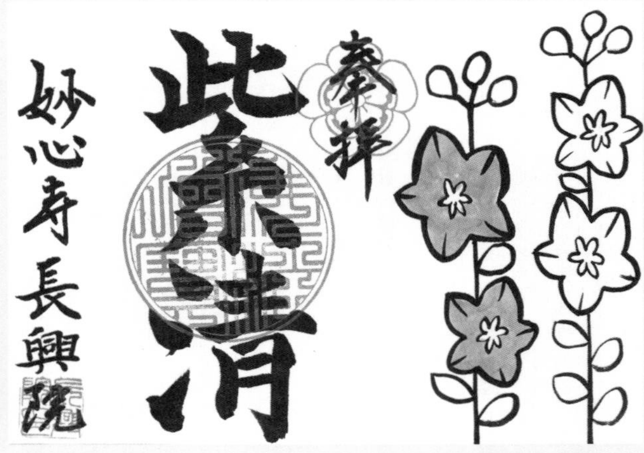

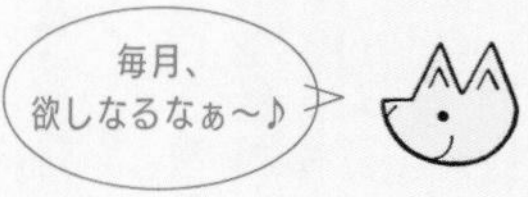
毎月、
欲しなるなぁ〜♪

P.118
P.245

017 達磨御朱印（平成30年秋）

- 1000円
- 期間限定

目力にハッとさせられるかなりイケメンな達磨の御朱印は、毎年秋に行われる特別拝観時にいただける。墨書の不識（ふしき）とは、知らないという意味で、達磨が発した禅の言葉のひとつだそう。

禅宗の祖といわれる 達磨大師に見守られて

達磨大師の絵の御朱印は禅宗寺院で授与される

達磨は禅宗の祖といわれ、その教えの流れを汲むのが、臨済宗、曹洞宗、黄檗宗などになります。大雄院は妙心寺の塔頭なので臨済宗となり、御朱印の絵が達磨で、禅語の墨書が書かれているのです。通常非公開寺院ですが御朱印授与日が設けられ、日時などの情報はHPに掲載（予約制）。秋には特別拝観も予定されるので、御本尊の参拝、京都府指定文化財の堂宇の見学などもぜひ！秋の特別拝観限定の御朱印は達磨さんなので、これは見逃せません！郵送対応は、御朱印帳だけ。

耳ヨリ！POINT　御朱印授与は予約制、訪寺のみ

018　達磨御朱印（令和２年秋）

- 1000円
- 期間限定

例年は秋の特別拝観で授与される達磨御朱印。写真は令和２年11月、12月に授与されたもの。達磨の顔が一層りりしく、目力もパワーアップ！飛び散る墨が力強く、強く生きろ！といわんばかり。

これぞ、禅パワー全開の
アイキャッチ!!

坐禅も
禅宗だね

御朱印DATA

時間 完全予約制、予約できる日時などはHPで告知
通年 なし
限定 月替わりは見開きタイプと1ページサイズの２種類、秋の特別参拝観時は達磨御朱印が授与される。変更もあるので要HP参照
郵送 不可
URL https://www.daiouin.com/

1603（慶長8）年、石河光忠が創建。光忠の母は、徳川家康の妻・お亀の方。堂宇などは特別拝観時のみ見られる

妙心寺　TEL 075-463-6538

㊟ 京都市右京区花園妙心寺町52　㊕ 御朱印授与日（完全予約制）、特別拝観期間のみ　¥ 通常非公開　㊍ 市バス妙心寺北門前から徒歩5分　㊡ 要確認　Ⓟ 妙心寺大駐車場利用可

019　誕生仏 浴佛偈（よくぶつげ）

- 1000円
- 期間限定

4月8日はお釈迦様の誕生日のため、春に授与された御朱印。絵は生まれてすぐにお釈迦様が示した天上天下唯我独尊ポーズ。墨書は浴佛偈という、仏降誕会（ぶつごうたんえ）の法要時に唱える言葉。

生まれたばかりのお釈迦様

お地蔵様の
微笑ににっこり

020　わらべ観音・慈悲（令和2年秋）

- 500円　- 期間限定

例年、秋の特別拝観時に授与される御朱印。微笑むわらべ観音に慈悲をいただけたら、イライラする日常も優しく笑って過ごせそう。慈悲深くあれという、メッセージかも。毎年意匠が変わる。

021　独坐大雄峰（令和２年７月）

- 1000円
- 期間限定

令和２年７月のひと月間、授与されていた限定御朱印。月ごとにも御朱印は授与されていて、この月はカエルがメインモチーフに。その時節に合わせて、絵が変わるのも楽しい。授与のない月もある。

何度も訪れたくなるモチーフ

帳面を開けると
お地蔵様に出会う

022
大雄院襖絵プロジェクト記念御朱印帳の御朱印

- 2000円　- 通年

大雄院本堂の障壁画は、江戸末期から明治に活躍した絵師・柴田是真筆のもの。是真が描いた皇室明治宮殿天井画を、大雄院の襖絵として復活させるプロジェクトで販売中の、御朱印帳に書かれる御朱印。

佛光寺(ぶっこうじ)

023 絵入り法語印(ほうごいん)（秋）

- 500円
- 期間限定

墨で大きく書かれた文言が法語。法語とは、仏教の教えをわかりやすく説く言葉のこと。秋に似合った絵に込められた意味と、法語のコラボに頭が下がる。令和元年の秋に授与されたもの。

優しいイラストで
教える説く

耳ヨリ！POINT　法話の紙を読むと絵の意味がよくわかる

> 「信じれ〜ん」
> 学生時代、友人が水の[illegible]らふたおひつをのぞきこむなり私に叫んだ。
> 「まだ米粒が残っているじゃないか!! 一粒ひと粒の米粒に仏さまがおらふるんぞ!!」と。
> 私はとても恥ずかしくなった。と同時にそう[illegible]友の言葉が見えた瞬間でもあった。
> 先日、子どもが米粒をつぶーって「まんまんおるんで」と言ってきた。どこかで聞いてきたのだろう。
> 「まんまんつぶーてーまったんやね」と冗談を言ったが「仏さまそのものがおらふるんじゃなく、米粒には仏さまの願いがこもっているんだよ」と言った。
> もともと「勿体ない」はお米のことであった。
> お米には私を大きく育ててやろうという意思主張はないが大きく育ててくださるのも事実である。
> 友人はそういう道理に本願という仏さまの私にかけるふかい愛情を感じておられたのである。
> 頭を垂れる稲穂が「本願に出遇い頭の下がる世界に目覚めよ」と私によびかけてくださっている。
> ようこそ

法語印と一緒に法話が書かれた紙も授かる。エッセイのようでおもしろい

身近な出来事にも意味があると気づける法語印

佛光寺でいただけるのは、御朱印ではなく法語印。聞きなれない名前ですが、御朱印と同じように仏様とご縁を結んだ、お参りしたという証であるとともに、法語が記された朱印ということで、佛光寺では法語印と呼びます。親しみやすい色付きの絵は、墨書の法語を絵解きしたもの。さらに法語印と一緒に、日常生活のひとコマを題材にした法話の紙がいただけます。どちらも書置きなので、両方とも御朱印帳に貼っておきたいもの。仏の教えと思い出を、御朱印帳に残せます。

御朱印DATA

- **時間** 平日9:00〜12:00、13:00〜15:30
- **通年** 1種類（絵なしの法語印、書き手の都合により法語が変わる場合あり）
- **限定** 4種類（季節替わり4種類・3〜5月、6〜8月、9〜11月、12〜2月）
- **郵送** 不可
- **URL** http://www.bukkoji.or.jp/

親鸞聖人が山科で結んだ草庵が佛光寺の始まり。1586（天正14）年、豊臣秀吉の要請で現在地に移る

烏丸 TEL 075-341-3321

㊟ 京都市下京区新開町397 ㊕ 7:00〜16:00 ¥ 無料 ㊋ 地下鉄四条駅から徒歩7分 ㊡ 無休（法語印は土・日曜、祝日、法要時等休。Facebookか電話で確認） Ⓟ 参拝者のみ

佛光寺（ぶっこうじ）

024
絵入り法語印（春）

- 500円　- 期間限定

「人身」と書かれた墨書の法語。「にんじん」と読むそうで、描かれたカメはお釈迦様のたとえ話からのモチーフ。法話の紙の説明を読んでから法語印を見ると、また違った印象に感じる。

カメさんジタバタ
どうしたの？

025
絵入り法語印（夏）

- 500円　- 期間限定

夏祭の場面、屋台のおじさんの前で金魚をすくうポイが破けた様子。人生思い通りにならないことをお釈迦様は「一切皆苦（いっさいかいく）」と説いた。幼い頃に経験した話から、深い教えにつながる法語印。

金魚すくいに教えが？
答えは法話の紙にあり

026

絵入り法語印（冬）

- 500円　- 期間限定

令和元年の冬に授与されたもので、ネズミがお年玉のポチ袋をかみながら泣いている。そして「功徳」の墨書。どんな教えなのか気になってくる。一緒に渡される法話の紙をじっくりと読みたい。

なんとキャッチーな絵なのでしょう！

027

絵なし法語印

- 300円　- 通年

通常いただけるのはこちらの法語印。絵がないだけで、中央の墨書は「遠慶宿縁（おんきょうしゅくえん）」という法語。「遠く宿縁をよろこぶ」と読むそうで、その教えは法話の紙に記されているのでご安心を。

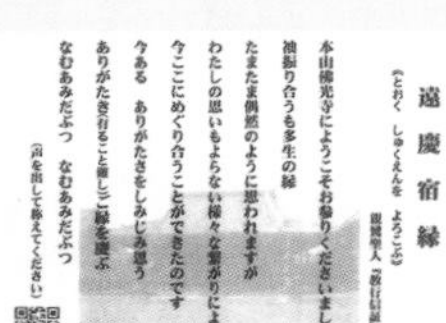

遠慶宿縁
《とおく　しゅくえんを　よろこぶ》
親鸞聖人『教行信証』

本山佛光寺にようこそお参りくださいました
袖振り合うも多生の縁
たまたま偶然のように思われますが
わたしの思いもよらない様々な繋がりにより
今ここにめぐり合うことができたのです
今ある　ありがたさをしみじみ思う
ありがたき有ること難しご縁を慶ぶ
なむあみだぶつ　なむあみだぶつ
（声を出して称えてください）

←本山佛光寺HP

絵がなくたって深〜い教えが詰まってる

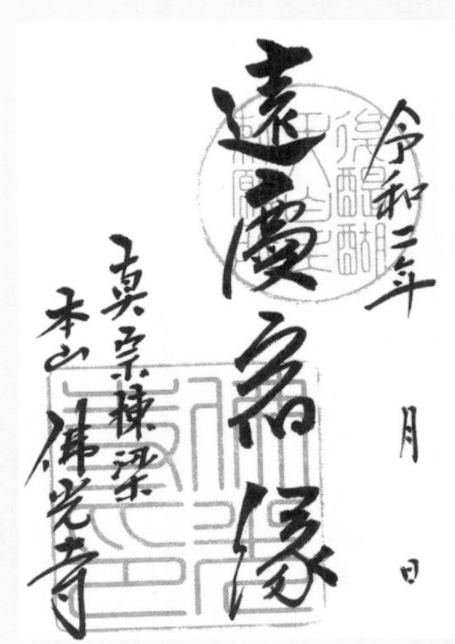

BEST30 手描き

教法院

028 仏さま 妙法

- 1000円
- 通年

教法院へ初めて参拝する人には、こちらの御朱印が授与される。見開きの大きさで手描きの仏様に妙法の墨書。御朱印帳への直書き、書置きのどちらでも可。2回目、3回目は墨書がお題目に変わる。

授与される御朱印にも順序あり

戦国武将の島左近を祀る寺 迫力のある御朱印が大人気

日蓮宗本山立本寺の塔頭で、戦国武将・島左近の墓があり本堂には位牌が祀られています。歴史に詳しい人ならすぐにピン！とくるその名前は、石田三成に仕えた武将で「治部少（三成）に過ぎたるものが二つあり。島の左近と佐和山の城」と語られた人。教法院で授かる御朱印には、いただける順番があります。初めて参拝される方、二回目の方、三回目の方。その他にも島左近の刀剣の御朱印などもあり、島左近の命日である六月には、特別御朱印も授与されています。

耳ヨリ！POINT 月に1回、参加自由の法話の会あり

029　島左近 刀剣 銀紙

- 1000円
- 通年

刀剣が好きな人だけでなく、戦国時代ファンにも人気がある。島左近は文武両道で優秀な軍師だった。御朱印は刀で煩悩の根源を断ち切る姿。この御朱印は書置きのみ。旗印の方は直書きOK。

島左近をもっと
知りたくなる！

御朱印DATA

時間 予約制（拝観希望前日から、電話受付12:00～）

通年 7種類（仏さま妙法、島左近旗印、日蓮聖人のお言葉・月替りなど）

限定 季節、行事などで授与

郵送 特別御朱印のみ可（電話・FAX（詳しくはHP、Twitter、インスタグラム参照）

URL http://kyoboin.x0.com/

1505（永正2）年9月に創建と伝わる。観光寺院ではないので拝観・御朱印をいただく際には要事前予約

北野天満宮周辺　TEL 075-462-1232

㊟ 京都市上京区七本松通仁和寺街道上ル一番町107　㊕ 拝観予約の方のみ14:00～17:00（土・日曜、祝日13:00～）　¥ 無料　㊂ 市バス七本松仁和寺街道からすぐ　㊡ 不定休（SNSで要確認）　Ⓟ あり

BEST30 手描き

法輪寺（だるま寺）

030　起き上がり達磨五訓の御朱印

- 800円
- 通年

達磨大師の顔と五訓が描かれる。五訓は「気は長く、心は丸く、腹立てず、人様立てよ、吾小さく控えめに」と読む。意味がわかれば墨書もなるほど！と納得。目に訴える教えの御朱印。

よーく見れば、
意味がわかる！

すべての御朱印を住職が描く その数、なんと千種類以上！

京都のまちなかから少し西にある法輪寺は通称・だるま寺と呼ばれ、いろいろな達磨の御朱印がいただけます。「だるま寺という方が通じるかも」と地元民が言うように、境内はいたるところに達磨が！御朱印はすべて住職が手描きし、過去に描かれた御朱印の種類は、千体を超えるとのこと。真面目な法語やクスッと笑いそうになる墨書もあり、どれをいただこうか迷いそう。達磨がいっぱいで写真映えする法輪寺でいただく御朱印は、これまた映える達磨の絵と墨書！

耳ヨリ！POINT ☑ とにかく、だるまさん尽くし！

031　武者小路実篤の詩の達磨禅画

- 800円
- 通年

「桃栗三年、柿八年」のことわざに、明治の文豪・武者小路実篤は「だるまは九年で俺は一生」と続きを創作。壁に向かい9年坐禅を組んで悟りを開いた達磨の故事から「面壁九年（めんぺきくねん）」の言葉が生まれた。

俺は一生?! クールな詩とだるまがマッチ

窓や天井にもだるまさん！

御朱印DATA

- **時間** 9:00～16:00
- **通年** 通常朱印300円、達磨禅画500円、見開き（大判）800円の3種類。各種類に数えきれないほどの御朱印があり、その中から選ぶ
- **限定** 2種類（正月・節分）
- **郵送** 不可

達磨堂には全国から成就祈願などで各地方の達磨が納められ、今では約8000体にもなるそう

西院　TEL 075-841-7878

㊟ 京都市上京区下立売通西大路通東入ル行衛町457　㊕ 9:00～16:00　¥ 300円　㊋ 市バス西ノ京円町から徒歩5分　㊡ 無休　Ⓟ 10台

清聚院

P.244

032 地蔵菩薩

- 2000円～（絵入り御朱印）
- 通年

数種類ある地蔵菩薩の御朱印のうちの一体。まずお地蔵様から描き始め、墨書と背景、細部の色付けと仕上げ、最後に朱印。自分のためだけに描かれた、笑顔が可愛いお地蔵様に癒される。

大迫力！独特なタッチも“味”のうち

目の前で描かれる御朱印その一部始終が見られる幸せ

五条通のそばにあるのに騒音が届かないお堂の中で、心に寄り添ってくれる住職とゆっくり話せるのが魅力の一つ。悩み事を相談する人も多いそうで、御朱印目当てだった人もついつい心を開いてしまうのでしょう。御朱印見本が描かれた何冊もある御朱印帳の中から気に入ったものを選ぶと、住職は下絵なしで絵筆を取ります。丁寧なのに素早い筆遣い、しかも会話は途切れることがありません。出来上がった御朱印の温かな絵と大胆な文字には、住職の人柄が表れているようです。

耳ヨリ！POINT ☑ おしゃべりしながら描かれる

033　病魔封呼路難封

- 2000円〜（絵入り御朱印）
- 通年

さてこの御朱印、何と書かれているか。病魔封じはわかる。呼路難は？正解はコロナ封じ。なんて素敵な当て字！目をカッと見開いた達磨さんに、コロナウイルスも慌てて逃げ出す？

読めた瞬間笑った〜！

当て字？笑っていたら病魔も逃げる

御朱印DATA

時間 12:00〜15:00※法務等があるため来院前に電話確認するほうがよい

通年 複数あり。何冊もある御朱印見本帳の中から描いてほしい御朱印を選べる。絵なし御朱印もある

限定 限定といえば全部限定。書置きなどは一切なし

郵送 不可

夜になるとライトアップされる。魂が暗闇で迷子にならないようにと、照らしているそう

五条櫛笥　TEL 075-351-6404

㊟ 京都市下京区中堂寺薮ノ内町5　㊕ 12:00〜特に定めていないが常識の範囲で　¥ 無料　㊂ 市バス大宮五条から徒歩3分　㊡ 無休　Ⓟ なし

ミニ御朱印

最近の御朱印には、様々なサイズあり。オーソドックスな1面（1ページ）のもの、御朱印帳の見開きサイズ、そしてこんなに可愛いミニサイズ！

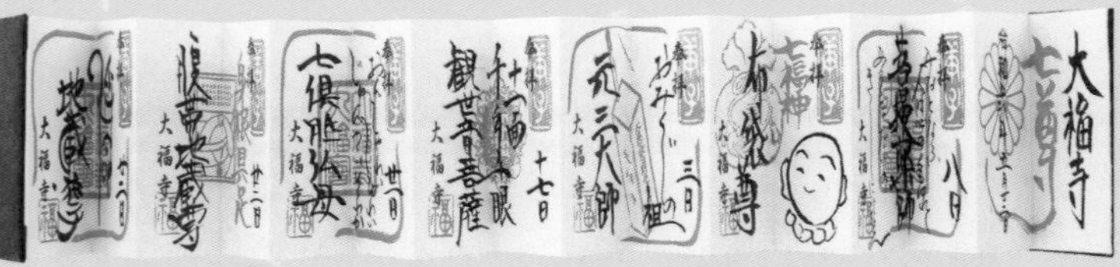

いつでもどこでも持って歩ける ミニ大福帳

- 3500円　- 通年

大福寺に安置される7体の仏様が、7見開きに墨書される。サイズに合わせた朱印も押され、小さいだけですべてが本物。表紙の「大福帳」も手書きで、持ち歩けるように専用の袋が準備されている。

大福寺（だいふくじ）

＞P.099
＞P.138

推古天皇の時代（593〜628年）大和国（奈良県）で創建。本尊の菩提薬師如来は聖徳太子作と伝わる。平安時代に勅命により京都へ移転。天明の大火でお寺も燃えたが、本堂は無事だった

御所南　TEL 075-231-3624（7:00〜8:30）

㊟ 京都市中京区麩屋町通二条上ル布袋屋町498　㊊ 非公開、要予約　¥ 外からの参拝自由　㊋ 地下鉄京都市役所前駅から徒歩10分　㊡ 不定休　Ⓟ なし

御朱印DATA

時間　授与日時は不定。Twitter参照
通年　御本尊・布袋尊
限定　仏教行事等に合わせて毎月不定期
郵送　不可
URL　https://twitter.com/daifukujikyoto

近所の人から愛されるまちなかの仏様

何も気にせず歩いていたら、うっかり見過ごしそうなほど、住宅街に溶け込んでいる大福寺。お堂に安置される仏像は、お寺が面する麩屋町通から覗ける近さ。通りがかるご近所さんたちは手を合わせてから先を急ぎ、生活の一部になっています。商家では正月に商売繁盛を祈願して、出納帳に大福寺の宝印をもらっていたそうで、その習慣から出納帳を「大福帳」と呼ぶようになったといわれます。非公開寺院なので直接本尊を拝むことはできませんが、気軽に通りから参拝しましょう。

千手観音が持つ法具が描かれた豆見開き御朱印。全部で40種類出る予定

色も内容も様々な豆見開き御朱印と豆朱印。普通サイズとお揃いで貼っても

小さくたって立派な御朱印

豆朱印・豆見開き御朱印

- 豆朱印 各300円　- 豆見開き御朱印 各600円
- 通年

季節、風習、行事によって随時新しい御朱印が並ぶ。すべての御朱印が奥様のお手製で、スタンプやシールが使われていたりと、ほかでは見られない可愛らしさも◎。なくなり次第終了なので、迷ったら買い！

渋いデザインが◎。ミニならペタペタいっぱい貼りたい

豆朱印だから、豆大師？季節限定のミニ朱印もある

専用の御朱印帳も一緒に！

豆帖・豆見開き帖

- 豆帖 各300円、豆見開き帖 各600円
- 通年

蛇腹（じゃばら）式の帳面で、台紙も表紙も和紙製。様々な色柄の帳面が揃う。サイズは豆帖が5×3cm、豆見開き帖が5×6cmで、どちらも手で握れる大きさ。何冊持っていても欲しくなる小さな御朱印帖。

可愛い色柄の帳面もあり。どっちにしようか迷ったら両方買っちゃう？

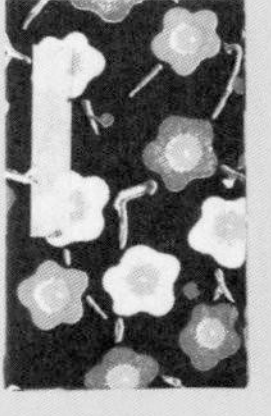

豆朱印、豆見開き御朱印とピッタリ合うよう作られている。装丁の和紙は随時変わるので、ピピッ♪ときたら即ゲット！

034 長岡京ガラシャ祭 限定御朱印

- 1000円
- 期間限定

切り絵作家でもある副住職の奥様の作品をもとにした御朱印で、長岡京ガラシャ祭の期間中のみ授与。ガラシャが生まれた越前国・福井県で漉かれた和紙が使われている。

BEST30 切り絵

勝龍寺（しょうりゅうじ）

P.150
P.246

繊細で美しい切り絵に
うっとり♡

インスピレーションに導かれ生まれてくる切り絵

仏縁があって勝龍寺へ嫁いだ若奥様は切り絵作家で、「自分にできることは何だろう」と考え、切り絵で御朱印をデザインにすることへたどり着いたそうです。キーワードは、縁。御朱印も人と神仏の縁を結んだ証。切り絵のデザインを考えるのは、大変ではないですか？と尋ねると「インスピレーションが降りてくるまで待ちます」とのお返事で、それからの作業は、あっという間に進むとのこと。御朱印は神仏と自分自身がつながるためのツールなのかもしれません。

耳ヨリ！POINT ☑ 全国でも珍しい切り絵デザイン

035　大河ドラマ「麒麟（きりん）がくる」記念御朱印

- 1000円
- 期間限定

2021年放送終了までの期間限定授与。明智光秀が生きていた時代には、まだ麒麟は伝説上の生き物と思われていた。瑞獣（ずいじゅう）が連れてくる新時代が平和であるように、との祈りが込められる。

切り絵のキリン
カッコいいね！

麒麟が新しい時代を連れてきた！

御朱印DATA

- **時間** 9:00〜16:00
- **通年** 3種類
- **限定** 年に数回、10種類ほど
- **郵送** 可・時期による。HPからメールで申込み
- **URL** https://www.shoryuji-temple.com/

大干ばつ大飢饉の時、住職千観上人の祈祷で雨が降り、龍神に勝ったという意味から勅命で青龍寺から勝龍寺と改名された

長岡京　TEL 075-951-6906

㊟ 長岡京市勝龍寺19-25　㊕ 境内自由（本堂は非公開）　¥ 境内自由　㊋ JR長岡京駅から徒歩10分　㊡ 無休　Ⓟ なし

勝龍寺

036 降誕会の御朱印

- 1000円
- 期間限定

降誕会とはお釈迦様や宗祖の誕生を祝う仏教行事で、いわばバースデーパーティー。勝龍寺の開祖・弘法大師の降誕会が6月15日に行われる。期間中枚数限定で授与される、弘法大師の御朱印。

まるで写真のような姿！

037 涅槃会の御朱印

- 1000円
- 期間限定

涅槃会も重要な行事のひとつで、お釈迦様が亡くなった陰暦2月15日に行われる法要。勝龍寺では3月14日に行われ、涅槃図が公開される。御朱印は涅槃会期間、数量限定での授与。

静かで寂しい様子が伝わる

038　招福万来の御朱印

- 1000円
- 期間限定

青い龍の背に乗る布袋様の切り絵デザイン。布袋様はいつもニコニコ笑顔を絶やさず、笑門来福、夫婦円満、子宝の神として信仰される。正月期間限定で授与されるので、初詣に出かけてみよう。

布袋様と龍もいい笑顔！

龍の背中に乗ってみたい

039　ぼけ封じ観世音菩薩の御朱印

- 1000円
- 期間限定

勝龍寺には、ぼけ封じにご利益があるという観音菩薩がいらっしゃる。その観音様の御縁日（敬老の日）に授与される限定御朱印。ぼけ封じ近畿十楽観音霊場の第三霊場でもある。

人々を優しく包む、ぼけ封じの観世音

BEST30 アーティストコラボ

尊陽院（そんよういん）

P.245

040　うさちゃん アザミ

- 1000円
- 期間限定

うさちゃんの令和2年秋限定御朱印。毎年秋に授与されるうさちゃんシリーズの御朱印は、アーティストmikiさんが描く温かなイラストが評判に。大人も子どもも癒されるファン待望の一体。

うさちゃんの可愛さに
みんなノックアウト！

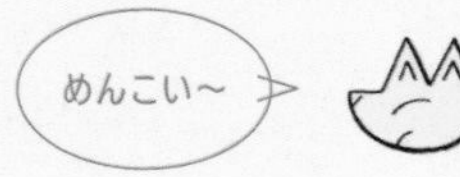

住職とアーティストが渾身の御朱印をプロデュース

日蓮宗本山本法寺の塔頭寺院・尊陽院は静かな本法寺の境内にあります。笑顔の素敵な住職と奥様（奥様も僧籍）がお寺を守り、お参りに来る一人ひとりの心に寄り添い温かく迎えてくれます。アーティストたちがセンスと画力を注ぎ込んで描き出したイラストに、住職が魂を込めて墨書する御朱印は、どれもみな額に入れて飾りたくなるほど。可愛らしいから、美しいからというだけでなく、御朱印に込められた住職たちの思いや願いが、多くの人々に伝わるから人気があるのでしょう。

耳ヨリ！POINT ☑ うさちゃん御朱印の名付け親は参拝者!?

041　浄行菩薩

- 1000円
- 期間限定

とても素敵な菩薩様！浄行菩薩は、苦しみや怒りのもととなる煩悩を水で浄化する。菩薩の清らかさで悩みを洗い流そう。描いたのはデザイナー寺田駿志氏。すべて書置きのみ、無くなり次第終了。

こんな仏様に囲まれたら
ホントに極楽だよね

美人さんやね

御朱印DATA

時間 9:00〜16:00
通年 4種類
限定 うさちゃんシリーズは11月〜無くなり次第終了、ほかにも千手観音、鬼子母神の書置き御朱印がある。web授与所でも確認できる
郵送 可（HPから御朱印オンライン・web授与所にて申込み）
URL https://sonyouin.biz/

1575（天正3）年、現在地に建立。入口の「まえかけ地蔵菩薩」が、子どもたちの健やかな成長を見守る

堀川寺ノ内　TEL 075-414-1500

㊟ 京都市上京区本法寺前町650-3　㊋ 9:00〜16:00　¥ 無料　㊖ 市バス堀川寺ノ内から徒歩3分
㊡ 無休　Ⓟ あり

尊陽院（そんよういん）

042　星に願いを（令和２年）

- 1000円
- 期間限定

令和２年の七夕時期に授与された御朱印。天の川と、笹と子どもたちのシルエットが描かれる、アニメ風なタッチのイラスト。作画はSOBORO DESIGN STUDIO。次回の七夕も楽しみ！

青春の一ページのような光景

043　うさちゃん お月見（令和元年秋）

- 1000円
- 期間限定

古来日本でのお月見は、満ちていく十三夜の月だった。夜空を背景にするうさちゃんは、いつもより大人に見えるかも。住職とアーティストmikiさんのセンスが光る、令和元年秋に授与された一体。

日本の月見は十三夜

044　鬼子母尊神 疫病退散

- 1000円
- 期間限定

尊陽院の御朱印にしては、珍しく怖い顔。mikiさんはこういう絵も描く。鬼子母尊神がにらみをきかせているから、コロナウイルスも早く逃げ出してね！という御朱印。無くなり次第終了。

疫病退散の御朱印もきれい！

045　広島原爆ドーム 忘れない…

- 1000円
- 期間限定

広島の原爆記念公園に納められた折鶴をもとにした再生紙を台紙に使う。ただ悲しむだけではなく、鎮魂の祈りと平和への強い願いを込めて描かれた。アーティストmikiさんのイラスト。

平和を祈らずにはいられない

霊源院

P.008

046 秘仏 毘沙門天

- 400円
- 通年

壁画絵師・木村英輝氏が奉納した屛風絵が御朱印に。特別公開の時にしかお目にかかれない秘仏・毘沙門天立像や甘茶の木がデザインされている。必見の木村氏が描いた屛風は、仏様の前にある。

キーヤン直筆の毘沙門天は躍動感がハンパない！

うわぁ！迫力あるな〜

見どころの多い寺院に新しい石庭が誕生！

甘茶の寺としても有名な、建仁寺の塔頭寺院・霊源院は、戦国武将らとの交流も多かったと伝わります。ゆかりある武将のひとり今川義元公生誕五〇〇年の、二〇二〇年三月に令和の枯山水庭園「鶴鳴九皐」が完成し、特別公開されています。御朱印はバラエティに富んでいて、秘仏毘沙門天立像に感激した壁画絵師・キーヤンこと木村英輝氏が奉納した屛風の絵や、ゆかりの人物にちなんだものも。立体的に飛び出る御朱印が登場するという情報もあり、要チェックです！

耳ヨリ！POINT ☑ 庭園「鶴鳴九皐」に下りられる

キーヤン筆のベビー釈迦如来

赤ちゃん姿も
かわいいね

047
誕生仏

- 400円 -期間限定

壁画師・木村英輝氏の手にかかると、赤ちゃんのお釈迦様も踊っているように見える。動植物をモチーフに壁画を描くことが多い木村氏には珍しいデザインで、しかも御朱印になるのは貴重かも！

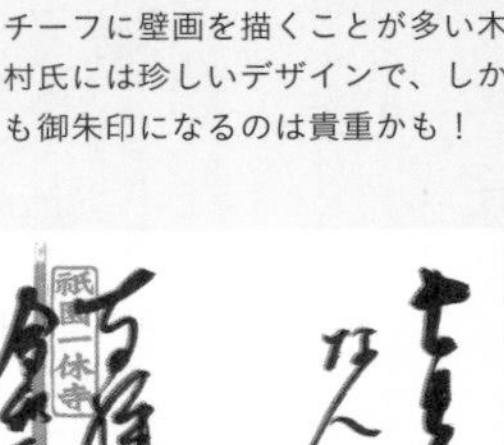

頑張ろうって気持ちになる

048
一休禅師

- 400円 -通年

一休禅師は幼い頃、霊源院で修行し作詩を学んだ。墨書の「大丈夫、心配するな なんとかなる」は、一休さんの言葉。悩みなんて大したことないぞ！と、今を生きる私たちを励ますメッセージ。

御朱印DATA

時間 10:00～16:00（閉門）
通年 秘仏毘沙門天（4種類）、一休禅師、龍山徳見、達磨、足利義勝
限定 特別拝観の期間限定など不定期に授与
郵送 不可
URL http://www.reigenin.jp/

鎌倉～室町時代トップクラスの学びの寺院。中巌圓月坐像（重文）と、その胎内秘仏の毘沙門天立像は必見

祇園 TEL 075-531-0986

㊟ 京都市東山区大和大路四条下ル小松町594 ㊕ 10:00～16:00（閉門） ¥ 通常非公開 交 市バス清水道から徒歩5分 ㊡ 通常非公開 P なし

随心院

P.106

049 春季限定朱印 上：はねず踊り 下：小野小町

- 500円
- 期間限定

令和２年春の限定朱印は、毎年３月最終日曜に随心院で行われるはねず踊りと、名勝小野梅園と随心院ゆかりの小野小町の絵。どちらも梅の花の色・はねず色が華やかに彩る。毎年意匠が変わる。

はねず色は小野小町によく似合う

小野小町と梅の花 どちらも匂い立つ美しさ

御朱印にデザインされる、絶世の美女と名高い小野小町は平安時代の女流歌人。随心院は小野小町が過ごした邸宅跡ではないか、という古くからの言い伝えがあります。境内の小野梅園は名勝庭園に指定され、約二〇〇本もある梅は遅咲きではねず踊りの頃に満開になるそう。秘仏の本尊如意輪観音像はアンニュイな雰囲気を漂わせる美仏で、特別参拝時に公開されることがあり、その時限定の御朱印も狙い目。小町の美貌を余すことなく表現する御朱印は、列に並んでも授かりたい！

耳ヨリ！POINT ☑ 本尊如意輪観音像が令和２年、重文に！

050 秋季限定朱印 上：如意輪観音 下：小野小町

- 500円
- 期間限定

秋の夜長を思わせる満月とお堂の朱印と、燃えるような紅葉と小野小町の朱印は、令和元年秋の特別参拝時に授与された。墨書の曼荼羅殿は、随心院が曼荼羅寺という寺院の子房だったことに由来。

物悲しい月、鮮やかな紅葉、どちらも美しい

小野小町の一生を華やかに表現した、能の間にある襖絵

随心院

BEST 30

御朱印DATA

- 時間 9:00～16:30
- 通年 2種類（曼荼羅殿、阿閦如来）
- 限定 季節、行事などで授与
- 郵送 不可
- URL http://www.zuishinin.or.jp/

醍醐 TEL 075-571-0025

㊟ 京都市山科区小野御霊町35 ㊕ 9:00～16:30 ㊎ 境内自由（本堂500円、梅園500円） ㊋ 地下鉄小野駅から徒歩5分 ㊡ 不定休 Ⓟ 30台

柳谷観音 楊谷寺

P.096

051 押し花朱印つくり

- 2000円 +御朱印代
- 期間限定

毎月17日に開催される「押し花朱印つくり」では、あらかじめ準備されている押し花を、台紙に貼ってオリジナルな御朱印を作ることができる。材料の範囲内なら何体でも作ることが可能。要予約。

自分で作れる押し花朱印

人生初かも？ 押し花のオリジナル御朱印♪

柳谷観音 楊谷寺には、様々な〝名物〟があります。八一一（弘仁二）年、弘法大師空海が訪れた際、眼病を患う人々のために霊水にされたという独鈷水（おこうずい）、眼病にご利益ありと伝わる本尊・十一面千手千眼観世音菩薩、そして花手水！境内にはアジサイの株が沢山あったので、花を手水に活けてみたのが始まりだそう。奥様の発案で押し花の御朱印が授与されるようになり、「押し花朱印つくり」は予約困難な状況。時間を多めに取って、諸堂の参拝と体験を楽しみましょう。

耳ヨリ！POINT ☑ 花手水発祥のお寺で押し花朱印を！

052　押し花朱印つくりMy花手水

- 1000円
- 通年

空のつくばい写真の上に押し花をあしらえば、あら素敵！私にも花手水が作れちゃった♡ それを御朱印にしていただける。季節により花の種類は変わる。下の恋手水ver.「心」は枚数限定、1500円。

花手水も手作りできちゃう♪

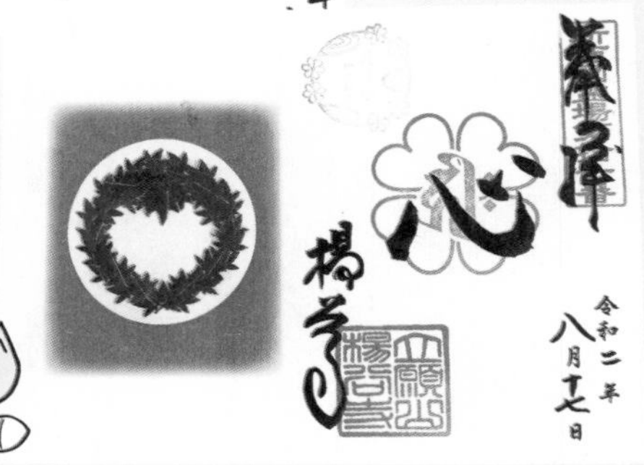

押し花って作ったことある？

御朱印DATA

- 時間　9:00〜16:00
- 通年　5種類
- 限定　ご縁日（毎月17日）などの行事、季節などで授与
- 郵送　可（HPからメールにて申込み）
- URL　https://yanagidani.jp/

花手水は、手水舎のほかにも数ヶ所に設えられ、参拝に訪れる人々の目を楽しませる

長岡京　TEL 075-956-0017

㊟ 長岡京市浄土谷堂ノ谷2　㊕ 9:00〜16:00　¥ 無料（ウイーク期間中は有料）　㊯ 阪急西山天王山駅からタクシーで10分　㊡ 無休　Ⓟ 山内前駐車場15台ほか約100台 ※あじさいウイーク期間中は公共交通機関利用

毘沙門堂（びしゃもんどう）

P.107

053　紅葉の限定御朱印「吉祥天」

- 500円〜
- 期間限定

金色の台紙に、吉祥天の顔と色づく紅葉が舞う。吉祥天は美しさと幸福を授けてくれるという毘沙門天の妻。毘沙門天の御朱印と一緒に授かりたい。毎年意匠が変わり、写真は2019年秋のもの。

美しすぎる女神の横顔

毘沙門天と吉祥天が守る寺は山科の桜と紅葉の名所

毘沙門堂は七〇三（大宝三）年に創建、江戸時代に現在地へ移り門跡寺院となった由緒正しき古刹。本尊の毘沙門天像は、比叡山延暦寺の伝教大師最澄が彫ったもので、根本中堂の本尊・薬師如来像を彫った余りの木を使ったと伝わります。吉祥天は毘沙門天の妻とされ、毘沙門天像とともに夫婦仲良く安置されています。紅葉や桜の季節限定で授与される御朱印も評判になり、特に吉祥天の御朱印が注目を集めています。意匠は毎回変わるので、心待ちにされている方が増えています。

耳ヨリ！POINT ☑ 桜と紅葉の穴場絶景地

054　月ごとの見開き御朱印

- 1000円～
- 期間限定

令和２年に授与された御朱印。季節の行事、風物や植物などを、色とりどりのスタンプで表した見開きサイズの御朱印も大人気！墨書の言葉も毎月変わるので、意味を尋ねてみるのもいいかも。

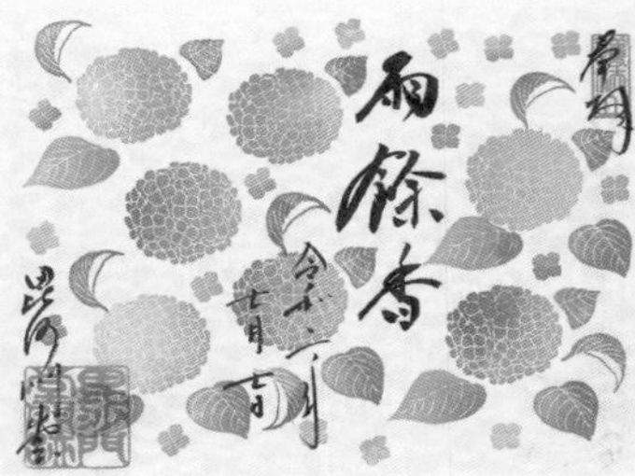

カラースタンプがGOOD！

御朱印DATA

時間 9:00～16:00

通年 3種類（毘沙門天王、不動尊、高台辨財天）

限定 月ごとの見開き御朱印あり。ほか季節、行事などで授与

郵送 不可

URL http://bishamon.or.jp/

山科盆地を見渡せる山の中腹に立つ寺院。見過ごしがちだが、門や堂宇など、江戸時代初期の貴重な建築や移築物が多い

山科　TEL 075-581-0328

㊟ 京都市山科区安朱稲荷山町18　㊕ 9:00～16:30（冬季 12月1日～2月末日は～16:00）　¥ 境内自由（宸殿500円）　㊇ JR山科駅から徒歩20分　㊡ 無休　Ⓟ 10台

養源院（ようげんいん）

P.241

055 白象の御朱印

- 未定
- 期間限定

俵屋宗達筆の杉戸絵の白象図が御朱印に。仏教では動物に乗る仏の姿が表現されることがある。象はインドで神聖視されていて、普賢菩薩が乗る動物。この御朱印は、いつ授与されるか未定。

いつ出るか不明な
超レア御朱印

俵屋宗達の杉戸絵は兵の鎮魂のために描かれた

伏見城の戦いで自刃した武将・鳥居元忠が率いた徳川方兵士の血が染み込んだ伏見城の床板を、天井に上げて弔い続ける養源院。俵屋宗達は元忠や兵士らの供養のため、仏様の乗り物の白象と唐獅子、麒麟を杉戸に描きました。御朱印で押される白象と唐獅子の判子は、琳派継承画家・伊藤哲氏によって杉戸絵から忠実に描き起こされています。残念ながらどちらの御朱印も授与は不定期で、特別参拝時などで授かれることがあるそうです。「あったらラッキー♪」で両方ゲット！

耳ヨリ！POINT ☑ 血天井の解説がある

056　唐獅子の御朱印

- 未定
- 期間限定

同じく俵屋宗達筆の、杉戸絵の唐獅子。宗達は養源院本堂の襖12面、杉戸8面に絵を描いた。御朱印右面にある唐獅子のほか、左上にもよく見ると白象が！こちらの御朱印も不定期での授与。

なんだかユーモラス！
逆立ちしている唐獅子さん

御朱印DATA

時間	9:00～16:00
通年	1種類
限定	不定期授与
郵送	不可

京都駅周辺　TEL 075-561-3887

㊟ 京都市東山区三十三間堂廻町656　㊕ 9:00～16:00　¥ 600円　㊫ 市バス博物館・三十三間堂または東山七条から徒歩3分　㊡ 不定休　Ⓟ なし

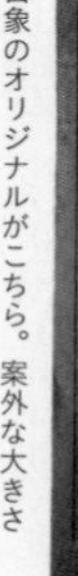
白象のオリジナルがこちら。案外な大きさ

宝蔵寺（ほうぞうじ）

P.141
P.241

057 カラードクロ朱印

- 300円
- 通年

宝蔵寺が所蔵する伊藤若冲や弟子らが描いた掛け軸の中で、特に有名な髑髏図（どくろず）は、墨で刷られた拓版画。カラードクロ朱印は、墨をカラフルな色に替えて季節ごとに数体授与される。

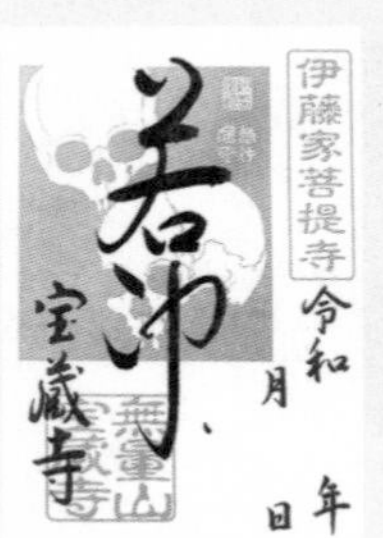

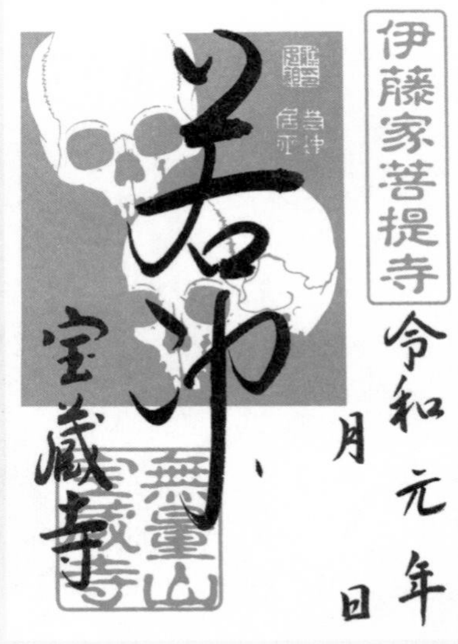

新色が出るたび欲しくなる！

インパクト強めな髑髏図（どくろず）は定番となった今でも大人気！

江戸時代中期の絵師・伊藤若冲と伊藤家の菩提寺である宝蔵寺。境内の本堂前に伊藤家親族の墓があり、門が開いていれば自由に参拝できます。お寺には若冲が描いた「髑髏図」や「竹に雄鶏図（ゆうけいず）」、弟の白歳（はくさい）筆「羅漢図」などの作品が所蔵されていますが、本尊とともに普段は拝観できません。特別公開や博物館などで、拝観のチャンスを狙いましょう。人気を誇る髑髏図は、御朱印になってますます身近に感じられる作品です。御朱印はほかの寺宝が入るものもあるので、訪れて授かって。

耳ヨリ！POINT ☑ ドクロ朱印のほかにも限定あり

058 心遠館若冲 ドクロ朱印

- 300円
- 通年

心遠館若冲とは、若冲が署名として使っていた名前。心遠館とは、若冲が絵を描いていたアトリエの名称。カラードクロ朱印と同様、色の変更あり。郵送もあるのでHPを見てみよう。

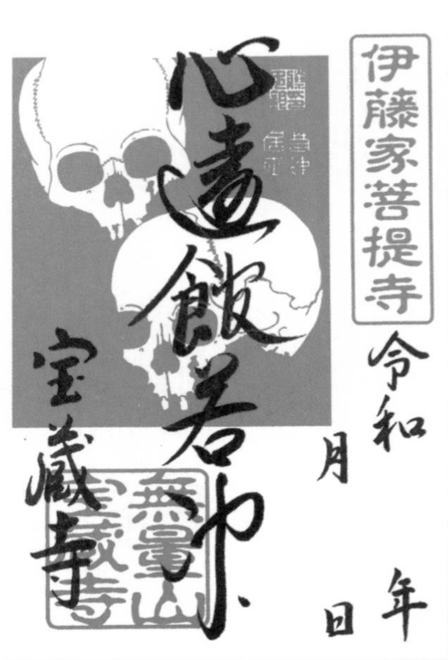

心遠館若冲っていう墨書もいいね！

宝蔵寺

御朱印DATA

- 時間 10:00～16:00(月曜休、臨時休業あり)
- 通年 4～5種類(御本尊、白歳辞世の句、木版画ドクロ朱印、カラードクロ朱印)
- 郵送 可(HPからメールで申込)、不定期に実施
- URL http://www.houzou-ji.jp/

弘法大師空海が創立したと伝わり、1591(天正19)年に現在地に移転。御朱印の授与は、左側の建物

河原町　TEL 075-221-2076

㊟ 京都市中京区裏寺町通蛸薬師上ル裏寺町587 ㊕ 通常非公開(伊藤家のお墓や本堂前庭は10:00～16:00参拝可) ¥ 無料 ㊋ 市バス四条河原町または河原町三条から徒歩3分 ㊡ 月曜(祝日の場合は翌火曜休)、臨時休業あり Ⓟ なし

P.098
P.104
P.127
P.246

059 日本書紀 奉勅撰上1300年・城南離宮皇神 贈号150年記念御朱印（八千矛神）

- 500円
- 期間限定

経営・医薬の神である大国主命の別名・八千矛神が、武器を携え勇ましい姿で描かれる。文章は日本書紀の一文。医薬の神と縁を結び、感染症の収束を祈りたい。令和2年12月31日まで授与の予定。

城南離宮皇神の名が
贈られて150年

日本書紀の文章も書かれる畏まって授かりたい御朱印

ある意味、最強な御朱印。書かれているのは日本書紀の神様と御神徳の説明。国常立尊は世界創世期に現れた神で、八千矛神は大国主命の別名で経営・医薬などの神とされ、二柱は城南宮の御祭神です。城南宮は「城（平安京）の南で都と国を守る宮」という意味で、平安京遷都の際に都の安泰と守護を願って建てられ、平安時代後期にはこの地に城南離宮が造られました。今まさに、当時の人々と同じく疫病の流行に不安を覚える私たちは、神のご加護を願っています。

耳ヨリ! POINT ☑ 神苑には源氏物語ゆかりの植物がある

060 日本書紀 奉勅撰上1300年・城南離宮皇神 贈号150年記念御朱印（国常立尊）

- 500円
- 期間限定

国土守護の神・国常立尊の姿を写す御朱印。国常立尊は天地開闢（かいびゃく）の際に、最初に現れた神とされる。日本を守る神とご縁を結んで授与されたい！ 令和2年12月31日まで授与の予定。

神様がついてるから大丈夫みんなで日本を守ろう！

開闢之初洲壤
浮漂譬猶游魚
之浮水上也
于時天地之中
生一物 狀如
葦牙便化爲神
號國常立尊

御朱印DATA

- 時間 9:00～17:00
- 通年 2種類
- 限定 期間別、行事などで授与
- 郵送 不可
- URL https://www.jonangu.com/

主祭神は、城南大神（八千矛神、国常立尊、息長帯日売尊（おきながたらしひめのみこと）の三柱を合わせ祀る）で、方除（ほうよけ）の大社といわれる

城南宮 TEL 075-623-0846

㊟ 京都市伏見区中島鳥羽離宮町7 ㊓ 神苑9:00～16:00 ¥ 境内自由、神苑600円（7/22～8/31は神苑北側・春の山・平安の庭のみ公開、この間一律200円） ㊫ 地下鉄または近鉄竹田駅から徒歩15分 ㊡ 無休 Ⓟ 160台

♿ 一部不可

元祇園 梛神社

P.117
P.200

061 祇園祭 特別御朱印

- 1000円
- 期間限定

前祭後祭のそれぞれ宵山から鉾巡行の日までしか授与されない。綾傘鉾の巡行は、壬生の住人がお囃子と踊りを奉仕する習わしだそう。元祇園の梛神社や壬生の氏子らにとっても祇園祭は大事な例祭。

祇園祭を支える壬生の元祇園

元祇園という神社名 祇園とどういう関係が?

御主神は、祇園社とも呼ばれていた八坂神社と同じ素盞嗚尊(すさのおのみこと)で、厄除け・疫病除けの神として信仰されています。平安時代の貞観年間に都で疫病が流行し、悪疫を鎮めるために、牛頭(ごず)天皇(素盞嗚尊)を八坂の郷で祀ることに。その途中、梛の木が数万本もあった森に祭祀したのが、梛神社の創始と伝わっています。神霊を遷す時に、花で飾った傘を立て棒を振り、音楽を奏でながら神輿を送り出したそう。これが祇園祭の傘鉾の起源ともいわれています。御朱印の絵は往時の光景ですね。

耳ヨリ! POINT ☑ 素盞嗚尊を八坂神社へ送り出した社

062 素盞鳴尊(すさのおのみこと)・悪疫退散 特別御朱印

- 1000円
- 期間限定

表の左ページと、裏の見開きに素盞鳴尊が描かれる御朱印。見開きはヤマタノオロチを退治する場面、表は草薙剣(くさなぎのつるぎ)を誇らしげに掲げる素盞鳴尊。これで疫病も逃げ出すね！令和2年夏までの限定。

素盞鳴尊が
コロナをやっつける！

御朱印DATA

- 時間 9:00〜17:00
- 通年 2種類（梛神社、隼神社）
- 限定 季節や行事などで15種類ほど
- 郵送 可（現金書留で申込み）※今後不可になる場合あり
- URL 現在HP作成中

こちらは本殿。配祀神の稲田姫命(いなだひめのみこと)は素盞鳴尊と夫婦の関係。縁結びにもご利益が

壬生 TEL 075-841-4069

㊟ 京都市中京区壬生梛ノ宮町18-2 ㊥ 9:00〜17:00 ¥ 境内自由 ㊦ 市バス壬生寺道からすぐ ㊡ 無休（臨時休あり） Ⓟ なし

063 国生みの特別御朱印

- 700円
- 通年

日本創世の神話に基づく絵で、伊弉諾(いざなぎ)と伊弉冉(いざなみ)の夫婦神が日本の国を生み出した場面。黒い鳥は八咫烏(やたからす)。コロナ禍に苦しむ日本を夫婦神が、今が創世の時！と励ましているような御朱印。

今こそ、
新しい日本誕生を！

京都に鎮座する熊野神社を後白河法皇がバックアップ

京都熊野神社は、紀州熊野大神を勧請して八一一（弘仁二）年に創建。平安時代、多くの権力者たちがこぞって紀州（和歌山県）熊野権現を詣で、中でも後白河法皇は三十三度も熊野御幸を行いました。京都熊野神社への信仰も篤く紀州から樹木や土砂を運ばせて神社を整えたと伝わります。御祭神は伊弉諾尊(いざなぎのみこと)、伊弉冉尊(いざなみのみこと)などの五柱。国生みの御朱印に描かれるのは、伊弉諾尊、伊弉冉尊が天沼矛(あめのぬぼこ)を海に刺すところで、二柱が日本を生み出したという神話の一場面です。

耳ヨリ！POINT　近所の聖護院門跡とも関係が深い神社

064　梛の御朱印

- 300円
- 通年

境内をぐるりと囲む、熊野の御神木・梛(なぎ)の葉が押印される。梛の葉は丈夫で切れにくいことから縁結びのご利益もあるといわれている。家族や大切な人との絆を深めてくれそう。

梛の木が守ってくれるから
ご縁はきっと切れないよ

シンプルやね！

御朱印DATA

時間 9:00～16:00
通年 4種類(国生み、八咫烏、梛、神倉神社)
限定 なし
郵送 不可
URL なし

京都熊野神社

聖護院 TEL 075-771-4054

㊟ 京都市左京区聖護院山王町43 ㊕ 7:00～17:00 ¥ 境内自由 ㊛ 市バス熊野神社前からすぐ ㊡ 無休 Ⓟ なし

下鴨神社から移築された、流れ造りが優美な本殿

ネコの御朱印

ネコは干支の動物でもなければ、神獣でもありません。御朱印にはなかなか描かれなかったネコが、登場している御朱印をついに発見！

民画絵師の住職が描くネコ

夢叶 招き猫（右）
招き猫とアマビエ猫（下）

- 右2000円　- 通年
- 下3000円　- 通年

ゆる〜く可愛い猫の絵が、幸せを手招きしている。右手は金運、左手は人（縁、人脈、客）を呼ぶそうだが、御朱印の猫には特に決まりがなく住職の心のままに描かれる。アマビエも猫になるとヒゲがある！

アマビエ猫
可愛いやん

猫恋寺（みょうれんじ）

二条城周辺　TEL 090-8238-0307

㊟ 京都市中京区御池通堀川東入下ル鍛冶町177　㊐㊎㊡ 完全予約制　㊛ 地下鉄二条城前駅から徒歩6分　Ⓟ なし
※来訪も要電話

御朱印DATA

時間 電話確認、相談
通年 初回授与の御朱印、その後は住職が違う図案で描く
限定 なし　**郵送** 可

（左）大小様々、形もいろいろ！各地方の特色ある招き猫に招かれて　（右）間口の小さな入り口には暖簾がかかる。見逃しやすいので気をつけて。お寺を訪ねる時は、必ず電話で予約しよう

ネコ好きに、朗報です！御朱印界にもネコ参上!!

小さくてフワフワで、たまにシャーッと怒られるけど、それでも猫が好きな人にお知らせ。猫を描いた御朱印があります！授与するお寺は、猫恋寺。猫を好きというより、招き猫愛です。郷土玩具、特に招き猫を描く民画絵師の住職が、御朱印を授与します。初めていただく時は決まった絵柄ですが、二回目以降は住職にお任せ。ペットの猫を招き猫にして、描いてもらえるチャンスあり。電話で相談してください。

猫好きの聖地となるか!?

ネコビエ様 御朱印

500円　期間限定

開運招喜 季節限定御朱印

500円　期間限定

（右）大日猫来（だいにちにゃらい）の墨書に、イラストと朱印が押される。イラストは季節にちなむ絵で、毎月変わる（左）疫病退散の御朱印は、アマビエではなくネコビエ様に変身！

御朱印DATA

時間 同上

通年 1枚（開運招喜通常御朱印300円）

限定 開運招喜 季節限定御朱印（毎月限定）、イベント時など **郵送** 可

URL https://nyannyanji22.www2.jp/

猫猫寺（にゃんにゃんじ） 開運ミュージアム

八瀬 TEL 075-746-2216

㊟ 京都市左京区八瀬近衛町520 ㊕ 11:00〜17:00（土・日曜、祝日は〜18:00） ¥ 500円 ㊇ 京都バス神子ヶ渕から徒歩2分 ㊡ 火曜 Ⓟ 16台

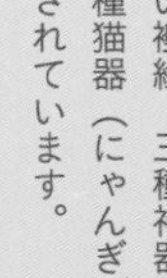

え!? お寺なの？ 正解は、寺院型ミュージアム！

「猫をご本尊とした世界初の本格的寺院型テーマパーク」の猫猫寺が、二〇二〇年一〇月から開運ミュージアムにリニューアル。本尊の大日猫来、猫作家・加悦雅乃氏筆の猫天井画や新しい襖絵、三種神器ならぬ三種猫器（にゃんぎ）が展示されています。

中央の大日猫来像の両脇には猫観音像と猫不動像が。猫の世界にもこういう宗派があるのか？と我が目を疑う…緑豊かな八瀬にある築100年の古民家を改築して、営業する

BEST30 月替り

乃木神社

P.158

065　月まいり限定御朱印（1月・見開き）

- 700円
- 期間限定

毎月デザインが変わり1日〜末日までの限定授与。乃木神社と墨書される見開きタイプのほか、境内の山城ゑびす神社の見開き、両神社の1ページの御朱印もある。書置きのみ、無くなり次第終了。

手作りスタンプが
とってもかわいい

神職さんの愛がこもったスタンプから目が離せない！

乃木神社は、日露戦争を勝利に導いた乃木希典命（のぎまれすけのみこと）と妻の乃木靜子命（のぎしずこのみこと）を御主神に祀り、全国各地の乃木大将を尊敬する人々の尽力で一九一六（大正五）年に創建されました。現代の私たちには厳格なイメージがある乃木大将ですが、御朱印はほんわかしていて可愛らしい！イラストを刷ったものかと思いきや、すべて神職が彫ったゴム印を押したもの。毎年、毎月違う絵柄を数種類授与されています。「心を込めて、一つひとつ手で押しています」という御朱印、ありがたくいただきます！

耳ヨリ！POINT　☑ 月ごとだけでなく節句などでも授与される

066　月まいり限定御朱印（5月・見開き）

- 700円
- 期間限定

日本人が大切にしてきた行事や四季の景色を御朱印に表す。台紙の色にも気配りがあり、心を込めて授与されたものだとわかる。令和2年1月はお正月、5月は茶摘み。抹茶オーレの印がイマドキ!?

毎月、
見比べてみたくなる！

抹茶オーレ
飲みたい〜

御朱印DATA

時間 9:00〜15:00（土・日曜、祝日は〜16:30、毎月1日・13日は〜17:00）休みあり、HP参照

通年 数種類

限定 月まいり限定、朔日まいり限定、9月13日大祭特別御朱印、ほか季節や行事などで授与

郵送 不可

URL http://nogi-jinja.jp/web/

乃木希典命と乃木静子命が祀られる本殿。境内には伏見、南山城地域の「ゑべっさん」山城ゑびす神社も

伏見　TEL 075-601-5472

㊟ 京都市伏見区桃山町板倉周防32-2　㊋ 境内自由
¥ 境内自由　㊫ JR桃山駅から徒歩7分　㊡ 不定休（HP参照）　Ⓟ 5台

一部不可

067 月まいり限定御朱印（7月・見開き）

- 700円
- 期間限定

7月といえば七夕。星空の下で笹飾りを囲んで楽しそうな女の子たちがデザインされている。年によっては描かれる風物が異なる場合もあり、スタンプも前年とは違う。写真は令和2年7月授与のもの。

ノスタルジックな気分に浸れる

068 月次祭（つきなみさい）御朱印（片面のみ）

- 500円
- 期間限定

毎月13日に行われる月次祭の日に、授与される。当日は御朱印帳に直書きされ、翌日からは書置きのみになり無くなり次第終了。9月は大祭があるため、月次祭御朱印の授与はありません。

季節の食べ物の御朱印も楽しい！

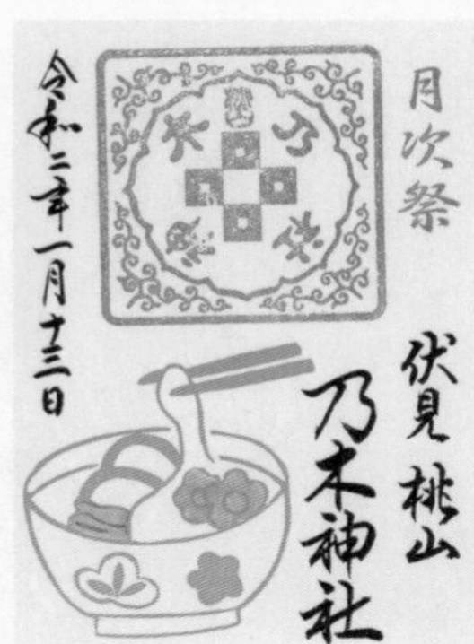

069　月まいり限定御朱印（9月・見開き）

- 700円
- 期間限定

お月見デザインの御朱印は、マンガタッチのウサギがお餅をついたり団子を食べたり。日本の楽しい風習を、御朱印が思い出させてくれる。無くなり次第終了。令和2年9月に授与されたもの。

古き良き日本の風習を思い出して！

070　朔日まいり御朱印（左：乃木神社5月 右：ゑびす神社4月）

- 500円
- 期間限定

毎月1日に神社へお参りする朔日まいり。乃木神社とゑびす神社の限定御朱印がある。1日は直書き、2日以降は書置きの授与。

ゑびす様、釣り上げたのは桜エビ!?

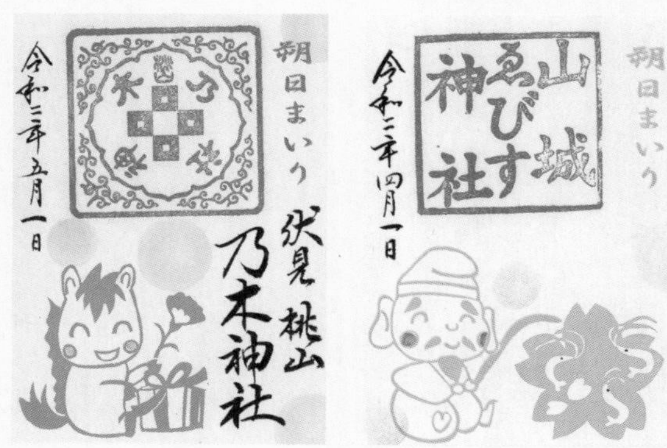

新善光寺

P.153

071　愛染明王の御朱印

- 400円
- 通年

愛染堂に祀られる愛染明王は、恋愛成就の仏様。御朱印にはその月の行事のモチーフを彫った手作りスタンプが彩ります。写真は過去に授与されたもの。令和3年は新しく星座シリーズになる予定。

心が和む
季節を感じるスタンプ

知られざる非公開寺院でも御朱印はいただける

新善光寺は、信州善光寺の本尊阿弥陀如来立像を模して作られた、全銅阿弥陀如来立像を本尊とする泉涌寺の塔頭寺院です。一二四三（寛元元）年に後嵯峨天皇が命じて一条大宮に建てられましたが、応仁の乱で焼失し一四七三（文明五）年に泉涌寺山内に移りました。非公開寺院でしたが平成三〇年秋に初めて特別公開を行い、秋の本堂公開は恒例になりつつあります。通常ご本尊は非公開ですが、お庭からの参拝と静かな庭園で季節を楽しめて、御朱印は月ごとに準備されます。

耳ヨリ！POINT　紅葉の名所、秋の本堂公開は必見

072
阿弥陀如来の御朱印

- 400円　- 通年

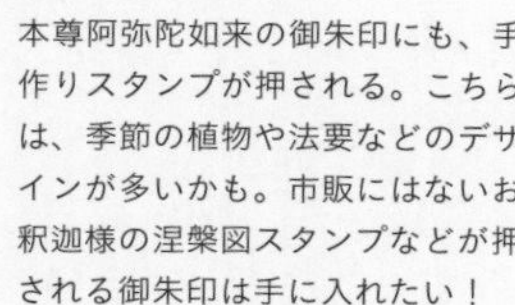

本尊阿弥陀如来の御朱印にも、手作りスタンプが押される。こちらは、季節の植物や法要などのデザインが多いかも。市販にはないお釈迦様の涅槃図スタンプなどが押される御朱印は手に入れたい！

御朱印DATA

時間 9:00～16:00（通常本堂は非公開だが御朱印はいただける）

通年 2種類（愛染明王、阿弥陀如来、通常授与される御朱印に月替わりのスタンプが押されるタイプ）

限定 1種類（秋の本堂公開時）

郵送 不可

本堂には本尊阿弥陀如来立像が安置される。秋の本堂公開時には拝観できる

京都駅周辺　TEL 075-561-5109

㊟ 京都市東山区泉涌寺山内町31　㊓ 9:00～16:00（本堂は通常非公開）　¥ 通常無料　㊋ 市バス泉涌寺道から徒歩8分　㊡ 無休　Ⓟ なし

BEST30 月替りわ

十輪寺（じゅうりんじ）

073 御詠歌御朱印（令和元年6月）

- 1000円
- 期間限定

「雨に煙る西山のもとの地蔵尊 慈悲も利益も降りまさりけり」の歌は、梅雨時期の御詠歌。御朱印も一期一会で同じものは授かれないが、その時々に合う御朱印がいただけるのはうれしい。

本尊を詠んだ歌とアジサイが見事にマッチ

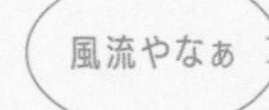

別名なりひら寺という古刹の御朱印求めて、いざ西山へ

八五〇（嘉祥三）年、文徳天皇が染殿皇后の懐妊と安産を祈るため、伝教大師最澄作の延命地蔵を祀ったのが十輪寺の始まり。現在は秘仏となり、腹帯地蔵とも呼ばれます。平安初期の歌人・在原業平が晩年を過ごし、塩焼きの風情を楽しんだという塩釜の跡があることでも知られています。自然の景色が美しい古刹の御朱印は、月ごと、季節ごとに四季折々の景色が描かれ、御詠歌が書かれることも。志納料は未定です。十輪寺のアイドルネコ・序音（じょね）ちゃんも、御朱印になっています！

耳ヨリ！POINT ☑ ネコの御朱印も限定であり

074　ホタルの御朱印（令和２年７月）

- 1000円
- 期間限定

令和２年７月に授与された、月替わりの御朱印。７月はホタルを題材にすることが多いそう。この墨書は伊勢物語の和歌の上の句。今どんな御朱印がいただけるかを知りたい人はブログを確認。

和歌っていいね！と しみじみ思う

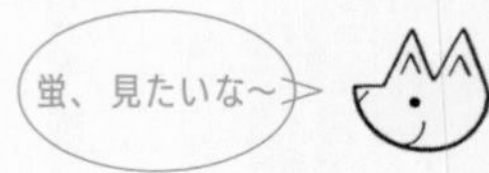

御朱印DATA

時間 9:00～17:00
通年 3種類
限定 あり（月替わり、季節替わり）
郵送 不可
URL http://narihiratera.seesaa.net/

某CMで桜の時期の十輪寺が流れてから、桜を見に来る参拝者が劇的に増えたそう。燃え上がるような紅葉もすばらしい！

大原野　TEL 075-331-0154

㊟ 京都市西京区大原野小塩町481　㊕ 9:00～17:00　¥ 400円　㊌ 阪急バス小塩からすぐ　㊡ 不定休　Ⓟ 10台

京都大神宮

P.125

075 月ごとの限定朱印（令和２年７月）

- 500円
- 期間限定

毎月1日から月末まで、その月の風物が描かれた御朱印が授与される。季節の植物と行事など色もきれいな御朱印が２種類ずつあり、両方いただくこともできる。デザインは毎年、月ごとに変わる。

センスある御朱印は並べて貼りたい！

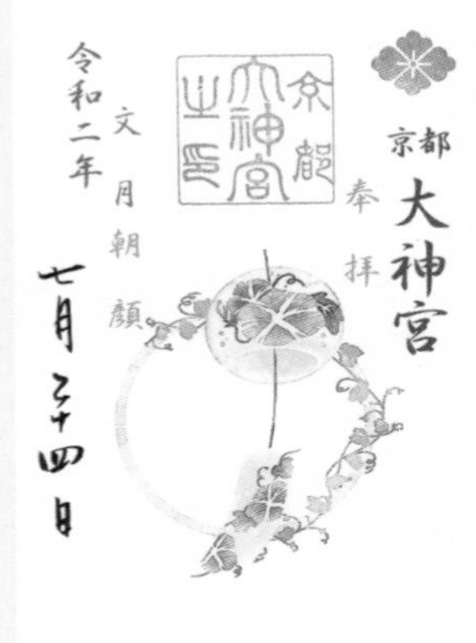

巫女キャラが迎える まちなかの大神宮

明治六年に伊勢神宮の内宮と外宮から天照皇大神（あまてらしますすめおおみかみ）、豊受大神（とようけのおおみかみ）の分霊を主祭神として迎え、そうそうたる神々が相殿される京都大神宮。見事な唐破風の本殿は、一条家の建物が移築されたもの。手水舎の水盤は、伏見城にあったものを寄進されたと伝わります。月ごとに季節の風物や祭事などを描いたカラーイラストの御朱印や、巫女さんをマスコットキャラクターにして押印した御朱印は、列をなす人気ぶり。巫女キャラのお守りやグッズも充実しています。

耳ヨリ！POINT ☑ どこへ行くにも便利、繁華街にある神社巫女キャラの印で差をつけよう！

076

御朱印（巫女印付き、季節印あり・なし）

- 各300円　- 通年

通年授与される御朱印は数パターンあり、授与所の前にある御朱印見本の番号を伝えてお願いする。巫女さんキャラの押印も大人気で、季節印＋巫女印もOK！お好みの御朱印をいただこう

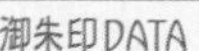
御朱印DATA

時間 9:00～16:00

通年 基本は神社の角印と丸印の2種類で、それに季節印、巫女印を選ぶことができるので6パターンあり

限定 月替わり朱印のほか、七夕、祇園祭（年により異なる）

郵送 不可

URL http://kyotodaijingu.jp/

寺町通りに面した鳥居の奥に、立派な本殿が見える。遠方から来る参拝者にはわかりやすく便利な立地

四条河原町　TEL 075-351-0221

㊟ 京都市下京区寺町通四条下ル貞安前之町622　㊡ 8:00～19:00　¥ 無料　交 阪急京都河原町駅から徒歩4分　休 無休　P なし

BEST30 季節替わり

勝林寺

077 花手水の見開き御朱印（2019年8月）

- 800円
- 期間限定

毎月様々な四季や行事にちなんだ御朱印が授与される。写真は2019年8月のもので、異なるデザインの御朱印も数体同時に授与。草花がふんだんに飾られる花手水の御朱印は、華やかで気分が上がる。

御朱印になっても
見映えバツグン！

写真なんやね

映える御朱印を続出し、人々をとりこにする寺院

デジタル技術を駆使して生み出される御朱印は、時代の最先端をいく若者たちの心をつかみました。ホームページで過去に授与された御朱印を見ると、徐々に〝進化〟していく様子が明らかに。人々がお寺に関心を持ち仏様とのご縁を結べるようにと、素敵な御朱印を授与しています。さらに坐禅や写経、写仏を体験することができ、お寺をただ参拝するだけでなく、より深く心に残る思い出を持って帰ることができそうです。各体験は要予約で、受付はホームページから。

耳ヨリ！POINT ☑ 花がたっぷりの花手水、坐禅体験あり

078　秋の見開き御朱印「紅葉」（2019年11月）

- 800円
- 期間限定

真っ赤な紅葉と吉祥天のシルエットが、秋を凝縮する一体に。色のバランスと墨書の配置も美しい秀逸なデザイン。めぐりあったら即いただきたい御朱印。写真は2019年11月に授与されたもの。

真ん中の白くかたどられた吉祥天が効いている

御朱印DATA

- 時間　10:00～16:00
- 通年　6種類
- 限定　季節ごとの見開き御朱印あり。ほか季節、行事などで授与
- 郵送　可（HPのオンラインページから申込み）
- URL　http://shourin-ji.org/

東福寺の塔頭寺院。古刹でありながら新しいことに次々と取り組み、花手水もその一つ

京都駅周辺　TEL 075-561-4311

㊟ 京都市東山区本町15-795　㊓ 10:00～16:00
¥ 600円　㊚ JRまたは京阪東福寺駅から徒歩8分
㊡ 無休　Ⓟ なし

石清水八幡宮

079 刺繍御朱印

- 1000円
- 通年

勅祭石清水祭で神様に供える12台の御花神饌をモチーフに刺繍し、四季ごとに3種類ずつ授与。12の台数は四季×三座を表し、四季の花を三所に供えたものとされる。刺繍で御花神饌を再現する。

紙に刺繍！しかもモチーフはお供え物

春

八の漢字が鳩やねんで！

勅使を迎える石清水祭儀式の供物がわかる御朱印！

平安時代初期八五九（貞観元）年に宇佐八幡宮の八幡大神の神霊を男山に祀ったことが石清水八幡宮の起源。国家鎮護、武運長久の社として天皇や権力者からの崇敬を集めました。三大勅祭の一つ、石清水祭は石清水八幡宮で最も重要な祭典で、九月十四日夕刻から十五日夜まで行われます。刺繍御朱印は、石清水祭の「奉幣の儀」で神前に供える十二台の「御花神饌」という特殊な捧げ物を、和紙に刺繍で表しています。動く古典といわれる勅祭の一端を感じられそうな御朱印です。

耳ヨリ！POINT ☑ 石清水祭に参列できる！詳しくはHP参照

夏

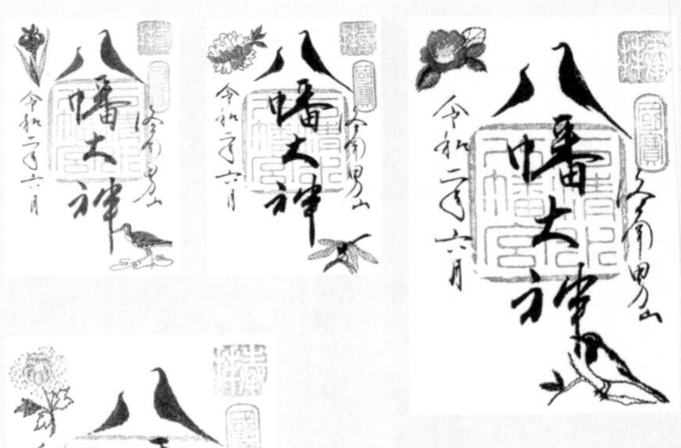

秋

冬

花と動物がひとつずつ刺繍される。春(3～5月)は松と鳩、梅と鶯、桜と蝶。夏(6～8月)は椿とセキレイ、牡丹とトンボ、カキツバタとシギ。秋(9～11月)は紅葉と鹿、橘と鷹、菊と鶴。冬(12～2月)は竹と鳳凰、水仙とキジ、南天と兎

御朱印DATA

時間 9:00～18:00(時期で異なる)
通年 4種類
限定 刺繍御朱印(季節替わり)
郵送 不可
URL http://www.iwashimizu.or.jp/

八幡市 TEL 075-981-3001

㊟ 八幡市八幡高坊30 ㊖ 6:00～18:00(時期で異なる。昇殿参拝 11:00～、14:00～、神職の案内付。祭典行事などで時間の変動あり。1/1～2/3は休止) ㊎ 境内自由(昇殿1000円) ㊋ 京阪参道ケーブル八幡宮山上駅からすぐ ㊡ 無休 Ⓟ 70台

本光寺（ほんこうじ）

P.185

080 御首題（南無妙法蓮華経）

- 300円
- 通年

通常授与される御首題は、押される印がかわいいと評判。2ヶ月に一度、印の意匠が変わる。どんな印が登場するかは、四季折々のお楽しみ！御朱印授与などの詳細は、Twitterで告知される。

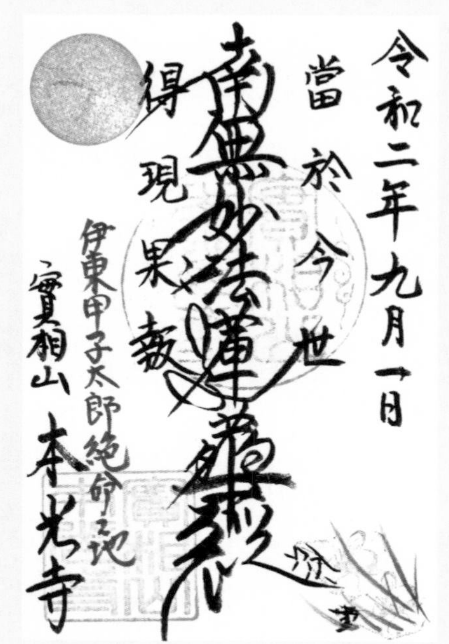

定番御首題もスタンプで印象が変わる

伊東甲子太郎（いとうかしたろう）に思いを馳せつつ静かに過ごせるまちなかの寺

幕末、新選組参謀となった後に脱退し、御陵衛士を結成した伊東甲子太郎。新選組局長の近藤勇に呼び出され接待を受けた帰りに、新選組隊士数名に襲われ命を落とした場所が、本光寺の門前だったと伝わっています。本光寺では様々な御朱印、御首題が授与されます。通常いただける三種類のうち、御首題と妙法の墨書の御朱印には、二ヶ月ごとにデザインが変わるスタンプが押されます。ほかにも期間限定の御朱印、御首題もあり、ツイッターの詳細チェックは欠かせません！

耳ヨリ! POINT ☑ 伊東甲子太郎絶命之石塔がある

081　鷺と蓮の御首題

- 1000円
- 期間限定

例年、油小路の変殉職者慰霊法要の日から、授与される御首題。美しく清らかなイラストは、本堂の欄間の障壁画に描かれている鷺と蓮とイメージしたもの。数量限定でもあり、無くなり次第終了。

鷺と蓮が美しく描かれ
心癒される御首題

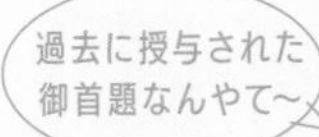

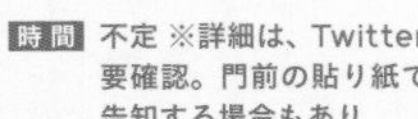

御朱印DATA

- **時間** 不定 ※詳細は、Twitter要確認。門前の貼り紙で告知する場合もあり
- **通年** 3種類
- **限定** 季節や行事などで授与
- **郵送** 可（電話・FAXで申込）
- **URL** https://twitter.com/honkouji_kyoto

※写真の御首題は、過去に授与されたもの

幕末の歴史や伊東甲子太郎のファンの間では有名な本光寺。石塔は、開門時間内なら自由にお参りできる

京都駅周辺　TEL 075-341-2863

㊟ 京都市下京区油小路通木津屋橋上ル油小路281　㊕ 9:00〜16:30　¥ 無料（団体100円）　㊛ JR京都駅から徒歩10分　㊡ 不定休　Ⓟ なし

正寿院（しょうじゅいん）

P.129

082 季節画 秋麗（あきうらら）（2020年秋） 冬隣（ふゆとなり）（2020年晩秋）

- 各800円
- 期間限定

その時季の風物が描かれ、季語や仏語が墨書される。美しい墨書はデザインの一部になって季節画を完成させている。御朱印帳に直書きでもいただける人気シリーズの一つ。

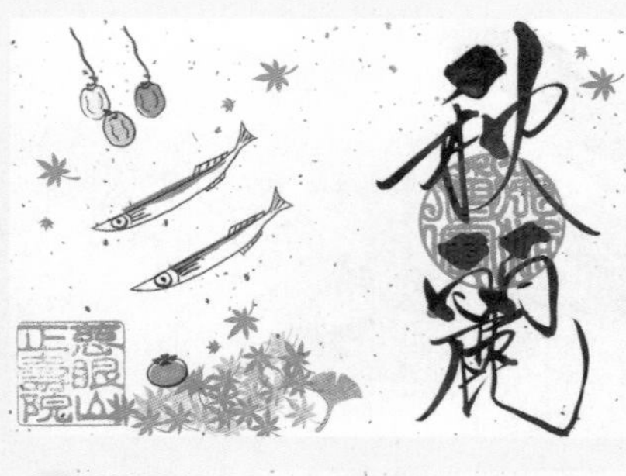

絵も墨書も意味がある
私たちへのメッセージ

どちらも季語だよ

猪目窓で一躍有名になった寺院 素敵なのは窓だけじゃない！

ハートの窓が素敵♡と、それこそ目をハート形にしてネットにアップした女子のなんと多いことか！正寿院には快慶が作った不動明王様（重文）、花や風景などを描いた一六〇枚もの天井画、風鈴まつりなど見どころがいっぱい。そして忘れちゃいけないのが「素敵」であふれる御朱印です。墨書がかっこいい、イラストがきれい、写真も美しい。なおかつ、どの御朱印にもメッセージが込められています。特に墨書には、今大切にしてほしいと住職が考える言葉が書かれます。

耳ヨリ！POINT ☑ ほかにも限定御朱印が沢山ある

083 猪目窓(名前入り)

- 500円
- 期間限定

客殿(則天の間)にある猪目窓からは、四季折々の景色が見える。ハート形は猪目といい、災厄を除け福を招くという伝統紋様。ひらがなで書かれた名前も優しく感じられ、幸せを運んでくれそう。

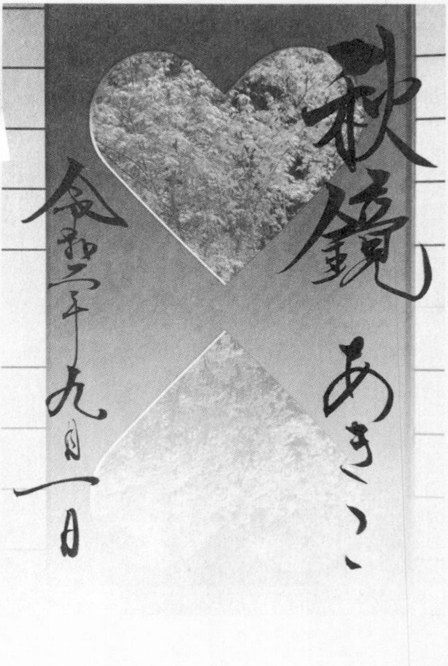

ハートフル&ワンダフル!

キツネって書いてもらお

正寿院

御朱印DATA

時間 9:00〜16:30
通年 8種類
限定 (月替わり)観世音、地蔵尊、御詠歌(季節限定)不動明王、季節画、舞妓画、寺宝公開記念、猪目窓など
郵送 可(HPからメールで申込み)
URL http://shoujuin.boo.jp/

正寿院では数珠づくりや写経、写仏など、様々な修行体験ができる。要事前予約

宇治田原 TEL 0774-88-3601 一部不可

㊟ 綴喜郡宇治田原町奥山田川上149 ㊌ 9:00〜16:30(11月〜3月は〜16:00) ¥ 600円(お茶・菓子付) ㊋ 京阪バス奥山田から徒歩10分または京阪バス維中前からタクシーで10分 ㊡ 行事により不定休 Ⓟ 60台

宇治上神社

P.188

084 御朱印（宇治上神社）

- 各500円
- 通年

季節によって授与される用紙の色が異なる。色紙にはそれぞれ名前がつけられていて、御朱印と一緒にもらえる紙に説明されている。それぞれ1日500枚限定なので、早めに訪れるのがよさそう。

目指せ！
全色コンプリート!!

春

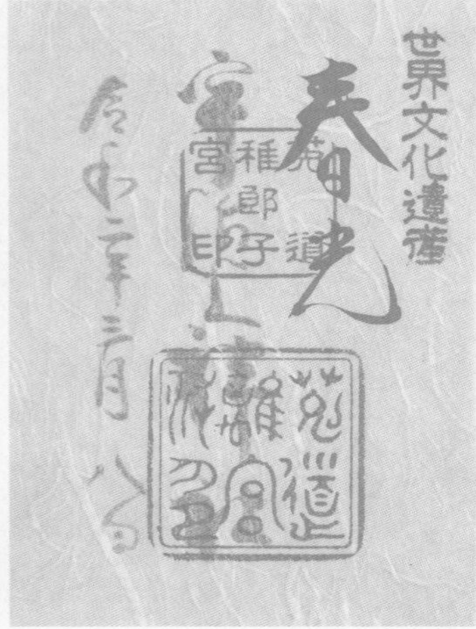

源氏物語のかさねの色目を思い起こさせる

なんと風雅な御朱印なのでしょう！『源氏物語』宇治十帖は、まさに宇治上神社の近くが舞台になっているそうです。平安貴族は女性も男性も、衣装の色でおしゃれを競い、季節を楽しんだそう。御朱印も色に合わせて様々な紙が使われ、季節感を盛り立てます。春は、梅や桜、桃、新緑。夏は水、風、空を思い浮かべ、秋は紅葉、黄から深紅に燃える錦秋の山。冬は雪、氷、雪原の上に足跡を残すウサギ。ただの御朱印ではなく、想像の世界へ誘う神様からの招待状かもしれません。

耳ヨリ！POINT ☑ 見開きタイプの豪華限定和歌御朱印もある

夏

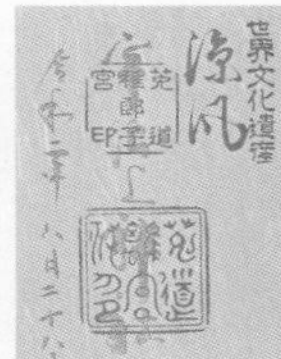

秋

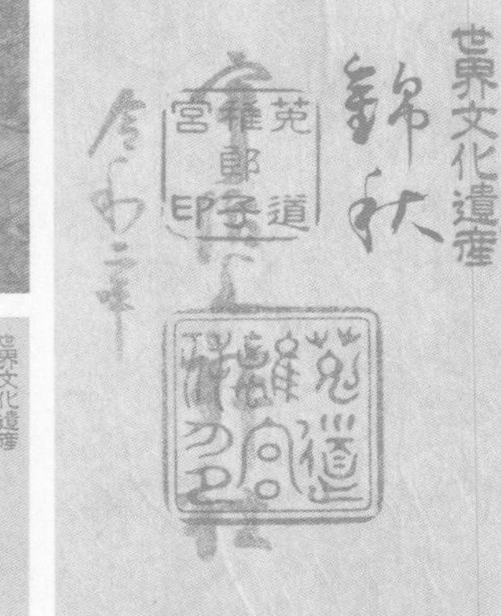

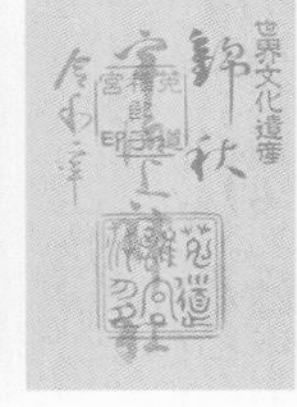

冬

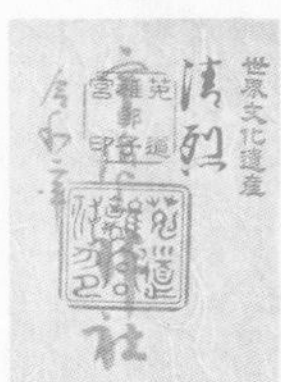

宇治上神社

御朱印DATA

- **時間** 9:00～16:20
- **通年** 4種類
- **限定** 見開き限定和歌朱印、季節限定御朱印
- **郵送** 可（現金書留で申込み）

京都の世界遺産の一つ。境内は左殿に祀られる菟道稚郎子の離宮の旧跡だったと伝わる

宇治 TEL 0774-21-4634

㊟ 宇治市宇治山田59 ㊓ 9:00～16:30 ¥ 無料
㊯ 京阪宇治駅から徒歩10分 ㊡ 無休 Ⓟ 14台

御香宮神社

P.158
P.247

085 御香水特別紙御朱印

- 600円
- 通年

水色のふわふわした円模様があしらわれる御朱印の用紙には、越前和紙が使われている。境内に湧く御香水の清らかさと重なり、爽やかな雰囲気をまとう。御香水とともにいただこう。

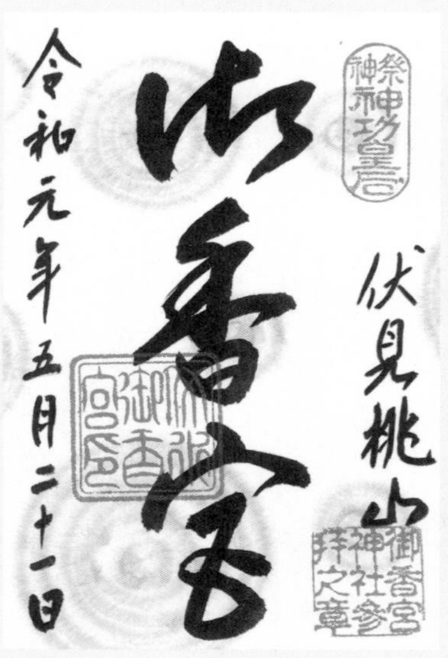

御香水のイメージとピッタリ

御朱印DATA

- **時間** 9:00～16:00
- **通年** 3種類（御香宮御朱印、天満宮社御朱印）御香水特別紙御朱印
- **限定** なし
- **郵送** 不可
- **URL** https://gokounomiya.kyoto.jp/

伏見 TEL075-611-0559

㊟ 京都市伏見区御香宮門前町174 ㊕ 9:00～16:00（石庭拝観） ¥ 境内自由（石庭拝観200円） ㊇ JR桃山駅・京阪伏見桃山駅・近鉄桃山御陵前駅から徒歩5分 ㊡ 無休・石庭不定休 Ⓟ 100台

美味しいお水と一緒に水玉模様もお持ち帰り

神社の名前「御香宮」は平安時代862（貞観4）年、境内から香り高い水が湧き出たことにちなんで、清和天皇が名付けたと伝わります。湧き水は御香水と呼ばれ、御朱印は御香水を表現したような水玉模様があしらわれた越前和紙に、神社名が墨書されています。

道に面する表門は伏見城からの移築！

耳ヨリ！POINT ☑ 水筒持参で御香水ゲット

BEST30 和紙

梨木神社

なしのきじんじゃ

P.140

086 御朱印（梨木神社）

- 300円
- 通年

白地の和紙に神社名が墨書されるシンプルな御朱印。和紙には透かし模様が入った美しく品の良い光沢がある越前和紙が台紙に使われ、御所近くに立つ神社の気高さが表現されている。

地模様が美しい清楚な台紙

着物の柄みたいやね

御朱印DATA

- 時間 9:00〜17:00
- 通年 1種類
- 限定 新緑、萩、紅葉など時期に応じて、期間不定。各500円予定
- 郵送 可（HPからメール）
- URL http://nashinoki.jp/

京都御所周辺　TEL 075-211-0885

住 京都市上京区寺町通広小路上ル染殿町680　時 9:00〜17:00　¥ 境内自由
交 市バス府立医大病院前から徒歩3分
休 無休　P なし

名水と萩で有名な京都御苑隣の社

公家屋敷が立ち並んでいた地にある梨木神社は、公卿最高の名家・三條家の実萬(さねつむ)公と実美(さねとみ)公を神として祀ります。御朱印の用紙には、鳳凰の透かし模様が入る純白の越前和紙が選ばれています。神社のイメージを損なわない、すっきりとした清々しい御朱印です。

秋に行われる萩まつりも人気です

耳ヨリ！POINT ☑ 京都三名水のひとつ染井の水が湧く

楽しくって、夢中になれる！

写仏の御朱印

七色のペンで下書きの仏様の絵をなぞります。写すうちに心が静かになって、でき上がったら墨書していただけます。

柳谷観音（やなぎだにかんのん） 楊谷寺（ようこくじ）

P.058

写仏は遊びではなくて大切な修行の一つ！

紙にうっすら下描きされた仏様の姿をなぞることが、なぜ修行なのかというと

・心を落ち着かせる
・姿勢を正して座る
・心を込めて写す

これが意外と難しい！でも一生懸命描いているうちに無心になります。それが修行になるのです。

楊谷寺での写仏体験は、そんなに難しいことは言われません。写すのは秘仏の本尊様で、子どもでも簡単に楽しめるものと、大人が真剣に描くものと二種類あります。描くことに集中して無になれば、仏の心に触れられるといわれます。写した仏画は、墨書してもらえます。

自分で描いた御朱印

七色写仏の御朱印

- 体験料 1000円、御朱印 無料　- 通年

願い事に合わせて、1色だけ選んでペンを取る。ピンクが恋愛成就、緑が健康長寿など。下絵を丁寧になぞって完成したら、希望者には墨書されて御朱印に。御朱印帳に貼ればハンドメイドの御朱印の出来上がり！

写仏体験

㊎ 10:00～15:00　通年　¥ 1000円
[予約方法] 5名以上の場合は要予約、詳細はHP参照　https://yanagidani.jp/

本尊十一面千手千眼観世音菩薩は、眼病に霊験あらたかと人々の信仰を集める

長岡京　TEL 075-956-0017

㊟ 長岡京市浄土谷堂ノ谷2　㊎ 9:00～16:00　¥ 無料（有料期間あり）　㊋ JR長岡京駅または阪急西山天王山駅からタクシーで15分　㊡ 無休　Ⓟ あり

額に入れて飾ってもよさそう！観音様が見守ってくれる

3)

見逃せない！

京の十二ヶ月

CHAPTER 3： MONTHLY KYOTO

087　正五九参り限定御朱印（正月）

- 300円
- 期間限定

その年の干支が愛らしくデザインされた特別な御朱印。干支の上には太陽・月・星を表す「三光の紋」が押されており、1・5・9月で干支と紋の色が変わる。3種ぜんぶゲットしよう！

年始にいただきたい！
おめでたい干支の押印

1月

城南宮（じょうなんぐう）

P.066
P.104
P.127
P.246

◎正五九参り（しょうごくまいり）（正月）

御朱印DATA

時間 9:00〜17:00

通年 2種類（城南宮御朱印、真幡寸神社御朱印）

※書置きになる時期あり

限定 未定　郵送 不可

URL https://www.jonangu.com/

城南宮　TEL 075-623-0846

住 京都市伏見区中島鳥羽離宮町7　時 境内自由（神苑は9:00〜16:00）　¥ 神苑600円　交 地下鉄・近鉄竹田駅から徒歩15分　休 無休　P 160台

一部不可

年に3回参拝したい
色とりどりの花の宮

平安遷都の際、国の守護神として都の南に創建されました。神様と特に縁が深いとされる月＝正月（1月）・5月・9月にお参りすることを「正五九参り」といいます。物事が始まり（1月）、盛りを迎え（5月）、実を結ぶ（9月）、区切りのいい月に参拝するならわしだとか。

朱の鳥居から見た境内

耳ヨリ！POINT ☑ 毎年授かりたい干支の御朱印

088 大福帳御朱印

- 1000円
- 期間限定

大福寺の御朱印は見開きタイプ。縁起物の大福帳をどーんとあしらったおめでたいデザインはお正月にぴったり。かわいいイラストを添えたユニークな御朱印が季節ごとに登場するので見逃せない！

大迫力の大福帳！
いい年になる予感♪

御朱印DATA

- 時間 不定（Twitter要確認）
- 通年 御本尊・布袋尊
- 限定 仏教行事等に合わせて毎月不定期
- 郵送 不可
- URL https://twitter.com/daifukujikyoto (@daifukujikyoto)

新春到来！今年も願うは商売繁盛

本尊の菩提薬師如来（ぼだいやくしにょらい）は聖徳太子の作といわれ、京都十二薬師の一つ。江戸時代、金銭の出納帳（すいとうちょう）に大福寺の宝印を受けると商売が繁盛するとされ、これが「大福帳」の名の由来になったそう。現在でも正月には、商売繁盛を祈願して商家の大福帳に宝印を授与する風習が残っています。

御所南

TEL 075-231-3624（7:00～8:30）

㊟ 京都市中京区布袋屋町498 ㊙ 非公開、要予約 ￥ 外からの参拝自由 ㊫ 市バス京都市役所前から徒歩10分 ㊡ 不定（Twitter要確認） Ⓟ なし

五色幕が掲げられた本堂

耳ヨリ！POINT ☑ 縁起の良さ100点満点 ☑ 干支のイラストもちょこんと

089 京都ゑびす神社御朱印

- 300円
- 通年

力強い「ゑびす神」の墨書と、「都七福神 商売繁昌」の朱印、そして真ん中には縁起のよい「鯛」の朱印が存在感を放っている。商売繁昌を願うならば、持っていて損はなし！

御朱印DATA

時間 9:00～16:30
通年 3種類（天満宮の御朱印、都七福神（ゑびす様）の御朱印）
郵送 不可
URL http://www.kyoto-ebisu.jp/

祇園 TEL 075-525-0005
住 京都市東山区小松町125 時 9:00～17:00 ¥ 境内自由 交 市バス四条京阪前から徒歩5分 休 無休 P なし

千客万来を願って景気の良い一年に！

京都の「えべっさん」が1年のうち最も賑わうのが1月8日～12日に行われる「十日ゑびす」。宝恵(ほえ)かごに乗った東映の女優さんが「商売繁昌でささもってこい」の掛け声のなか福笹を授与したり、神楽殿では夜通し神楽が奉納されたり、商売繁昌を祈願して大盛り上がりの5日間です。

神社へ続く道には屋台がずらり

耳ヨリ！POINT ☑ 跳ね上がるめで鯛御朱印

1月

八坂神社(やさかじんじゃ)

P.124
P.127
P.157
P.178
P.235

◎三社詣(さんしゃまいり)

090　三社詣朱印紙

- 無料
- 期間限定

厄除けの御本社、縁結びの大国主社(おおくにぬししゃ)、商売繁昌の北向蛭子社(きたむきえびすしゃ)の3社の押印を刻むめでたい御朱印。新年の福をたくさん積んだ宝船に、新年の願いを込めよう。三社詣朱印紙は蛭子社前で配布される。

宝船に三社の朱印をのせて
ご利益もりだくさん！

御朱印DATA

- 時間　9:00〜18:00
- 通年　13種類
- 限定　4種類
  ※三社詣朱印紙以外は有料
- 郵送　可（HPの申込書に記入のうえ、郵送で申込み）
- URL　http://www.yasaka-jinja.or.jp/

祇園　TEL 075-561-6155

㊟ 京都市東山区祇園町北側625　㊋ 境内自由（授与所9:00〜18:00）　¥ 境内自由　㊖ 市バス祇園からすぐ　㊡ 無休　Ⓟ なし

 要問合わせ

新年のお詣りは おなじみの祇園さんへ

祇園さんの愛称で親しまれる祇園社の総本社。新春恒例の初蛭子にあわせ、1月9日・10日に行われる三社詣は、御本社、大国主社、北向蛭子社の順で参拝するのがマスト。厄除けや良縁祈願、商売繁昌などの強いご神徳を一度にいただけます。初詣とあわせてご利益をゲットしましょう。

八坂神社のシンボル 西楼門をくぐる

耳ヨリ！POINT　☑ 新年を祝うおめでたい押印

2月

吉田神社◎節分祭

節分に特別公開される大元宮は必訪

091 吉田神社本宮御朱印

- 300円
- 通年

中央にある「吉田神社」の墨書の左上に押印されているのは、八角形の茅葺屋根を持つ大元宮の朱印。全国の神々を祀る大元宮は重要文化財で、節分祭の期間に特別拝観することができる。

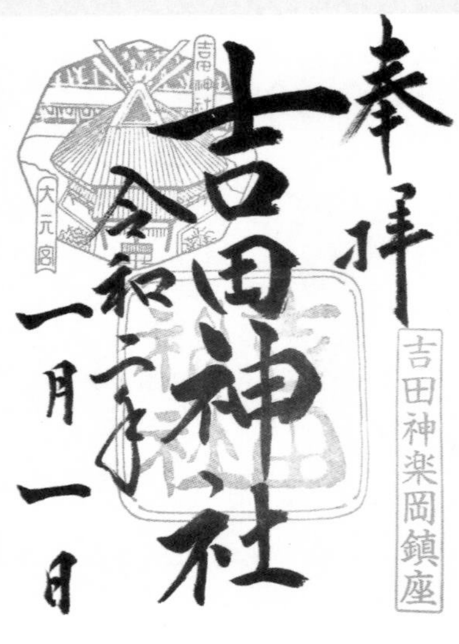

御朱印DATA

時間 9:00～17:00
通年 5種類（本宮、大元宮、竹中稲荷社、山蔭神社、菓祖神社）
郵送 不可
URL http://www.yoshidajinja.com/

百万遍 TEL 075-771-3788

住 京都市左京区吉田神楽岡町30 時 9:00～17:00 ¥ 境内自由 交 市バス京大正門前から徒歩5分 休 無休 P 20台（節分祭中は利用不可）

悪鬼退散！幸福招来！陽気な鬼が目の前に

吉田神社といえば、節分の前後3日間にわたって行われる節分祭が有名です。室町時代から続く節分祭の目玉は、節分の前日に行われる追儺式。通称「鬼やらい」と呼ばれ、境内を大暴れする赤・青・黄の鬼たちを方相氏が追い払い、幸福で平和な生活をもたらしてくれます。

鬼がこんなに近くまで来ることも

耳ヨリ！POINT ☑ 大元宮の八角形が美しい

廬山寺

P.228

◎節分会 追儺式鬼法楽（鬼おどり）

092　節分特別御朱印

- 400円
- 期間限定

中央に大きく書かれた墨書は「元三大師」。その上部の朱印は、「角大師」と呼ばれる災厄を払う鬼のような姿に変化した元三大師を表わしている。左上には鬼の形をした「節分」の朱印も。

角大師の御朱印は三毒に打ち勝った証！

鬼の姿になったはるわ

御朱印DATA

時間	9:00～16:00
通年	5種類　限定　1種類
郵送	可（HPからメール・電話で申込み）
URL	http://www7a.biglobe.ne.jp/~rozanji/

鬼を福餅で撃退！元三大師の力を感じる

御本尊に元三大師・弥陀三尊を祀っています。元三大師が鬼を退治したという説話にちなんで、廬山寺では節分の日に「節分会 追儺式鬼法楽」が盛大に行われます。鬼の退治に使われる蓬莱豆は延命、福餅は開運出世のご利益があるといわれているので、ぜひゲットしてください。

京都御所周辺　TEL 075-231-0355

住 京都市上京区北之辺町397　時 9:00～16:00　¥ 500円　交 市バス府立医大病院前から徒歩5分　休 源氏庭は2月1日～9日　P なし

◎節分会 追儺式鬼法楽（鬼おどり）

日程　節分の日

時間　9:00～18:00（鬼おどりは15:00～）

耳ヨリ！POINT　☑ 鬼を倒した元三大師の御朱印

2月

城南宮（じょうなんぐう）

P.066
P.098
P.127
P.246

◎しだれ梅と椿まつり

093 しだれ梅と椿まつり特別御朱印

- 300円
- 期間限定

「しだれ梅と椿まつり」期間中にいただける限定バージョン。梅と椿が半分ずつデザインされた朱印には、願いがきっと花開くようにとの思いが込められているのだとか。

願いが花開くように祈りを込めて

梅はこぼれ椿は落ちる 最後は花びらの絨毯に

京都屈指の梅の名所。約150本のしだれ梅が白やピンクに色づく頃、恒例の「しだれ梅と椿まつり」が開催されます。開花時期の長い梅は、咲き始めから満開、散り始めまで長きにわたって楽しめるのが魅力です。そしてもう一つの見どころが椿。苔に映える真っ赤な散椿は必見！

◎しだれ梅と椿まつり

日程 2月18日〜3月22日
時間 9:00〜16:00 **料金** 600円
しだれ梅 約150本、椿 約300本

しだれ梅と椿の見事な共演

耳ヨリ！POINT ☑ 梅と椿を一緒に楽しめる

P.010
P.133
P.154
P.180
P.243

094　梅苑公開期間限定特別御朱印

- 500円
- 期間限定

境内が梅の香りに包まれる頃にいただける限定御朱印には、菅原道真公の有名な御歌が書かれている。大宰府へ左遷される前、大切にしていた梅の木に最後の言葉をかけるようにして詠んだという。

愛する梅の花への想いを歌に込めて…

北野天満宮

菅公御歌
東風吹かば匂ひおこせよ梅の花
あるじなしとて春を忘るな

令和二年二月二十五日

御朱印DATA

- 時間　9:00～16:30
- 通年　10種類以上
- 限定　5種類
- 郵送　不可
- URL　https://kitanotenmangu.or.jp/

花盛りの梅苑へ風流なひとときを

学問の神様、菅原道真公を祀る全国天満宮の総本社。梅をこよなく愛した道真公にちなみ、境内ではなんと50種約1500本もの梅が観られます。12月半ば～3月頃まで咲き競う様は一見の価値あり。最盛期の2月25日には、梅花祭と梅花祭野点大茶湯が行われます。

様々な種類の梅で華やぐ境内

北野天満宮

TEL 075-461-0005

㊟京都市上京区馬喰町　㊡6:30～17:00　¥境内自由　㊋市バス北野天満宮前からすぐ　㊡無休　Ⓟ約250台（毎月25日は利用不可）

耳ヨリ! POINT　☑ 道真公の有名な梅の歌

095　春季限定御朱印（2種）

- 500円
- 期間限定

春にいただけるのは色彩が美しい2体の御朱印。上は、はねず踊りを現代的なイラストで表現した御朱印。下の御朱印には、梅の木の下で佇む小野小町と切ない恋心を詠んだ和歌が添えられている。

ピンクの梅が彩る愛らしい御朱印

※デザインは変更の可能性あり

御朱印DATA

時間　9:00〜16:30
通年　2種類（曼荼羅殿、阿閦如来）
限定　季節、行事などで授与
郵送　不可
URL　http://www.zuishinin.or.jp/

醍醐　TEL 075-571-0025

㊟ 京都市山科区小野御霊町35　㊗ 9:00〜16:30　¥ 境内自由（本堂拝観、梅苑入園各500円）　㊍ 地下鉄小野駅から徒歩5分　㊡ 不定休　Ⓟ 30台

◎観梅会

日程　3月1日〜4月1日
時間　9:00〜16:30　料金　500円
はねずの梅など約230本

甘い香りに誘われて「はねず梅」の園

名勝小野梅園の梅は遅咲きで有名で、蕾が花開くのは3月に入ってから。少し黄色がかった薄い紅色をしている隨心院の梅は、「はねずの梅」という独自の呼び名で親しまれています。3月最終の日曜には「はねず踊り」が行われ、少女たちの華やかな舞いが梅の季節の終焉を告げます。

はねず色に染まる境内

耳ヨリ！POINT　☑ イラストで魅せる梅の季節の美しさ

毘沙門堂（びしゃもんどう）

P.060

◎桜の開花

096 吉祥天御朱印（2種）

- 500円
- 期間限定

桜の季節限定は、毘沙門天の妃で美の女神・吉祥天と麗しい桜があしらわれたなんとも美しすぎる御朱印。春を感じさせる温かい色づかいに乙女心をくすぐられる。どちらも中央の墨書は「吉祥」。

吉祥天様×桜
美の最強コラボ！

御朱印DATA

時間 9:00〜16:00
通年 3種類（毘沙門天王、不動尊、高台辨財天）
限定 季節によって数種類
郵送 不可
URL http://bishamon.or.jp/

堂々たる毘沙門しだれ桜の雨が降り注ぐよう

天台宗京都五門跡の一つ。宸殿前でひときわ存在感を放つ「毘沙門しだれ」は、なんと枝張り30mを誇ります。ほかにも境内には約50本の桜があり、3月末〜4月上旬が見頃です。毎年4月8日に近い日曜に開かれる観桜会では、茶席や演奏会が行われ、風流に花見を楽しめます。

古刹で優雅なお花見を

山科 TEL 075-581-0328

㊟京都市山科区安朱稲荷山町18 ㊕9:00〜16:30（冬期は〜16:00） ¥境内自由（宸殿500円） ㊋JR・地下鉄・京阪山科駅から徒歩20分 ㊡無休 Ⓟ10台

耳ヨリ！POINT ☑ 吉祥天と桜の美しさにうっとり

梅宮大社 ◎梅・産祭

097 御朱印（梅宮大社）

- 300円
- 通年

中央には社名である「梅宮大社」の文字が墨で大きく書かれている。中央上部の朱印は「梅」ではなく「橘」。梅宮大社が橘氏の氏神社であることから神紋には「橘」が採用されている。

神紋の〝橘〟の朱印が伝える格式高さ

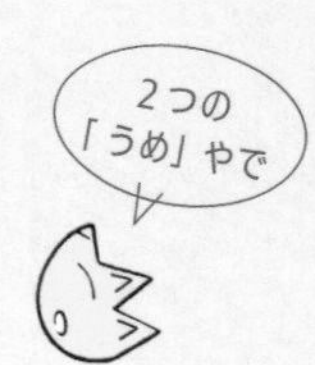

御朱印DATA

- 時間 9:00〜17:00
- 通年 2種類（西梅津神明社御朱印）
- 郵送 不可
- URL http://www.umenomiya.or.jp/

梅津 TEL 075-861-2730

㊟ 京都市右京区梅津フケノ川町30 ㊥ 9:00〜16:30 ¥ 境内自由（神苑600円） ㊦ 市バス梅宮大社前から徒歩3分 ㊡ 無休 Ⓟ 20台

子宝のご利益もある梅のお祭りへ

別名「産宮」とも呼ばれる梅宮大社は、子授けと安産のご利益で有名です。梅の花が見頃を迎える3月第1日曜に産業繁栄を祈願して執り行われるのが「梅・産祭」。「招福梅（梅干）」の授与や、神苑でとれた梅を使った特製ジュースの提供など、梅づくしの1日を堪能できます。

梅の花が咲き誇り早春を告げる

◎梅・産祭

- 日程 3月第1日曜
- 時間 9:30〜16:00（無くなり次第終了）

耳ヨリ！POINT ☑ 品格ある橘の印

098 日光椿の御朱印

- 2500円
（御朱印帳）
- 期間限定

大きくあしらわれた日光椿がかわいい。クラフトテイストの台紙と相まってモダンなオシャレさを醸し出している。これはオリジナル御朱印帳にあらかじめしたためられている御朱印の一つ。

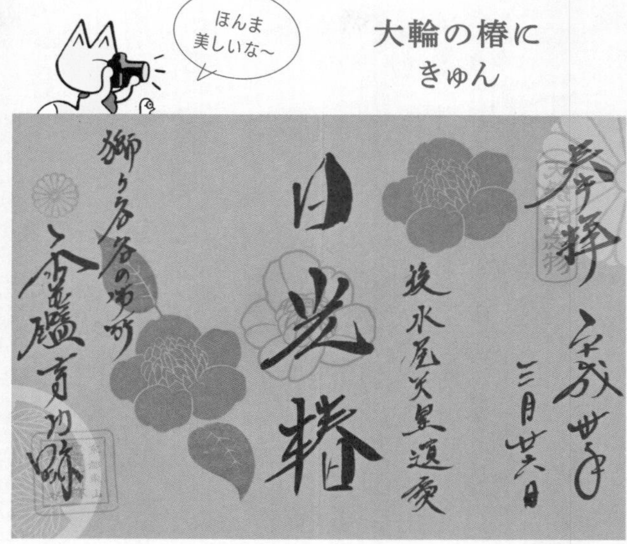

御朱印DATA

時間 10:00～16:00
限定 2～3種類
郵送 不可

鹿ヶ谷　TEL 075-771-4040

㊟ 京都市左京区鹿ヶ谷御所ノ段町12 ㊋ 通常非公開 ㊎ 通常非公開 ㊌ 市バス上宮ノ前町から徒歩3分 ㊡ 通常非公開 Ⓟ なし

◎春の特別公開

日程 3月末～4月1週目頃
時間 10:00～16:00　料金 600円

高雅な雰囲気を抱く麗しの「椿の寺」

春の椿と秋の紅葉の時期のみ一般公開される通称「椿の寺」。歴代皇女が住職を務めた清楚な佇まいの尼門跡寺院です。樹齢400年の日光椿や散椿（ちりつばき）、金花茶（きんかちゃ）、ローゼフローラなど約60種の椿が植えられており、庭一面を埋め尽くす苔もステキ。美しい境内で優雅な名木観賞を。

落ちてもなお美しい

耳ヨリ! POINT ☑ クラフト風のオシャレ台紙に咲く大輪の椿

099 花まつり特別御朱印

- 1000円
- 期間限定

左側には金字でこの現世での極楽な時間を意味する「現世極楽」とある。右側にいるお釈迦様が指す先には「現世でも極楽 来世でも極楽」の言葉が。優しい桜色は穏やかな極楽浄土を思わせる。

4月8日、きょうは お釈迦様のお誕生日！

御朱印DATA

- 時間 9:00〜16:30
- 通年 2種類（阿弥陀如来、福禄寿）
- 限定 7種類
- 郵送 可（HPからメール・電話・FAXで申込み）
- URL http://www.negaigamatoe.com/

草花で彩られた花御堂が飾られる

春の香りに包まれて お花と甘茶でお祝い

極楽浄土の世界を表現した阿弥陀如来坐像と二十五の菩薩は「仏像のオーケストラ」と称され注目を集めています。桜が花盛りを迎える4月に行われるのは、お釈迦様の誕生日をお祝いする「花まつり」。花御堂（はなみどう）の中に安置された誕生仏に甘茶を注ぐと、境内はお祝いムード一色に。

京都駅周辺 TEL 075-561-3443

㊟ 京都市東山区泉涌寺山内町28 ㊗ 9:00〜16:30 ¥ 500円 ㊫ 市バス泉涌寺道から徒歩7分 ㊡ 無休 Ⓟ 5台

耳ヨリ！POINT ☑「極楽」の文字が並ぶハッピーな御朱印

4月

平野神社

◎桜花祭

100　平野神社御朱印

- 500円
- 通年

古くから京都の桜の名所とされてきた平野神社を象徴するような、八重桜の神紋印が印象的。その下には「平野神社」の四角い朱印が。墨書は「奉拝」と日付のみのシンプルな御朱印。

御朱印DATA

- 時間　9:00〜16:30
- 通年　1種類
- 郵送　不可
- URL　http://www.hiranojinja.com/

北野天満宮周辺　TEL 075-461-4450

住 京都市北区平野宮本町1　時 6:00〜17:00　¥ 境内自由　交 市バス衣笠校前から徒歩3分　休 無休　P 17台（有料）

◎桜花祭

- 日程　4月10日
- 時間　10:00〜桜花祭、12:00〜神幸列発輿祭、15:00〜神幸列還幸祭

ピンクに染まる境内 花々しい神幸列がゆく

平安遷都とともに遷座した平野神社は、京都人にとって欠かせない花見スポット。平野神社と桜の歴史は、公家が子孫繁栄を願って奉納したことに始まるのだそう。桜の最盛期である4月10日には桜花祭が行われ、約200人が行進する絢爛豪華な時代行列が見られます。

桜の花道を進む時代行列

耳ヨリ！POINT　☑ 洗練された八重桜の神紋印

P.189

◎豊太閤花見行列

101　三宝院弥勒菩薩御朱印

- 300円
- 通年

三宝院には豊臣秀吉が「醍醐の花見」に際して作った庭がある。三宝院でいただけるのは本尊の弥勒菩薩様の御朱印。中央の墨書には「慈氏殿」とあり、弥勒菩薩様のいらっしゃるところを指す。

平安貴族も惚れ込んだ「花の醍醐」

御朱印DATA

時間 9:00～16:30
通年 5種類　限定 1種類　郵送 不可
URL https://www.daigoji.or.jp/

醍醐　TEL 075-571-0002

㊟ 京都市伏見区醍醐東大路町22　㊕ 9:00～16:30（12月第1日曜の翌日～2月末は～16:00）受付終了、上醍醐は夏期～15:00、冬期～14:00受付終了　¥ 1000円（三宝院庭園・伽藍）※春期1500円（三宝院庭園・伽藍・霊宝館庭園）、三宝院御殿特別拝観500円、上醍醐600円　㊡ 地下鉄醍醐駅から徒歩10分　㊡ 無休　Ⓟ 100台（普通車5時間1000円）

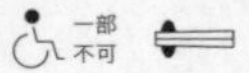

秀吉公の盛大な宴が今ここによみがえる

平安時代から「花の醍醐」と呼ばれる桜の名所。豊臣秀吉が700本もの桜を移植し「醍醐の花見」を催したのは1598（慶長3）年のこと。この歴史上最も有名な花見にならい、4月の第2日曜に行われる「豊太閤花見行列」は必見！桜の下、秀吉らに扮した人々が優雅に練り歩きます。

時代装束に身を包んだ約百五十人の大行列

耳ヨリ！POINT　☑ 三宝院でいただける唯一の御朱印

仁和寺（にんなじ）

〉P.191 P.242

◎御室花まつり

102 御朱印（旧御室御所（おむろごしょ））

- 300円
- 通年

中央の墨書は「旧御室御所」。仁和寺を造営した宇多天皇が出家に際し、御室（僧坊）を設置したことから「御室御所」と呼ばれるようになった。中央の「菊紋」が格式の高さを伝える。

その美しさにあまたの
歌人が酔いしれた

御朱印DATA

時間 10:00～16:00
通年 5種類 限定 6種類
郵送 不可
URL http://www.ninnaji.jp/

きぬかけの路 TEL075-461-1155

㊟京都市右京区御室大内33 ㊕9:00～16:30（12～2月は～16:00）※現在コロナウイルスの影響により10:00～16:00の短縮営業中 ㊎御殿500円 ㊋市バス御室仁和寺からすぐ ㊡無休 Ⓟ100台（有料）

春を長く楽しみたい！京に咲くさいごの桜

京都の桜シーズンのラストを飾るのは、遅咲きの桜で有名な仁和寺の御室桜。御室花まつりは3月20日～5月6日まで開催されます。ダイナミックな桜色の海原の向こうに五重塔が浮かび上がる様はまさに絶景！その美しい光景は与謝蕪村ら多くの俳人にも愛されました。

まるで桜の雲海！

耳ヨリ！POINT ☑ 由緒正しき菊の御紋

5月 御靈神社（上御霊神社）◎御靈祭 神幸祭

103　特別御朱印

- 1000円
- 期間限定

達筆な筆跡の「御靈社」の文字、その背景に描かれる御車を引く様子は、由里本出画伯が手掛けたもの。豪華な御車の細部まで描かれる美的な一体。特別御朱印の授与期間は未定のため要問合わせ。

まるで水彩画！！
芸術御朱印に惚れる

御朱印DATA

- 時間　9:00〜17:00
- 限定　1種類
- 郵送　可（インスタグラムにて申込み方法確認）
- URL　https://www.instagram.com/goryojinja/?hl=ja（@goryojinja）

鞍馬口　TEL 075-441-2260

㊟ 京都市上京区上御霊竪町495　㊕ 8:00〜17:00（授与所は9:00〜17:00）　¥ 境内自由　㊇ 地下鉄鞍馬口駅から徒歩3分　㊡ 無休　Ⓟ なし

神霊を鎮める社で心穏やかなひと時を

平安時代初期に続いた天変地異を鎮めるべく始まったといわれる御霊会発祥の社。毎年5月1日〜18日まで災いを祓うための御霊祭が開催され、三基の神輿、剣鉾、御車などが祭を彩ります。重厚感たっぷりの神輿は、天皇御下賜の貴重なもの。大迫力の祭事を間近で堪能しましょう。

応仁の乱勃発の地として有名

耳ヨリ！POINT　☑ カラフル御朱印　☑ 描き込みがすごい

八大神社

P.225

◎神幸祭

104 見開き御朱印〜大祭〜

- 800円
- 通年

歴史的な祭礼を多くの人に知ってもらうためにできた見開きの特別御朱印。「八大天王」の押印は、隣に位置する詩仙堂を造営した石川丈山が手がけたものだとか。剣鉾を掲げる力強さを感じられる。

初夏の大祭から
パワーをいただく

御朱印DATA

- 時間 9:00〜17:00
- 通年 2種類
- 限定 3種類
- 郵送 可（HPからメールで申込み）
- URL https://www.hatidai-jinja.com/

歴史好きはたまらない宮本武蔵決闘の地

「北の祇園」の愛称で親しまれる神社。5月5日に行われる神幸祭は、上一乗寺・下一乗寺・一乗寺の各地区ごとに神輿が巡行する熱気ある祭です。見開き御朱印にも描かれる剣鉾は、祇園祭の山鉾の原型といわれ、京都市無形民俗文化財にも指定される貴重なもの。お見逃しなく！

一乗寺 TEL 075-781-9076

㊟ 京都市左京区一乗寺松原町1 ㊋ 境内自由（授与所9:00〜17:00） ¥ 境内自由 ㊋ 市バス一乗寺下り松から徒歩7分 ㊡ 無休 Ⓟ あり

ダイナミックな神輿が練り歩く

耳ヨリ！POINT ☑ 神輿の勢い感じる神幸祭の押印

5月

下鴨神社（賀茂御祖神社）

P.130
P.174

◎葵祭

105　御朱印（賀茂御祖神社）

-500円　-通年

御神紋の緑の二葉葵と達筆な文字は、平安貴族の姿で練り歩く行列のような風情。書置きではなく御朱印帳に直接書いてくれる。

京都を優雅に練り歩く初夏の名物例祭

祭最大の見どころは路頭の儀。平安貴族の装束を身にまとった人々の行列は、圧巻の美しさ。5月3日に前儀として行われる流鏑馬神事もおすすめです。

伝統美を感じる行列！

年に一度の例祭で記念にいただく雅な御朱印

葵祭限定の御朱印が授与されることもある

上賀茂神社（賀茂別雷神社）

P.127
P.139
P.190

◎葵祭

106　賀茂祭限定御朱印

- 500円　- 期間限定

令和の改元とともに授与いただけるようになった新たな御朱印。葵祭の正式名・賀茂祭の文字を記す御朱印は、葵祭限定のもの。

まるで絵巻物！京都三大祭のひとつ

賀茂祭はもちろん、5月1日の賀茂競馬足汰式、5日の賀茂競馬といった神事も要注目。駆け抜ける勇壮な馬に圧倒されます。

平安貴族の装束が見物！

令和時代に登場例祭を彩るNEW御朱印

令和元年五月十五日
勅祭 賀茂祭
賀茂別雷神社
山城國一之宮
世界文化遺産

◎賀茂祭（葵祭）

日程 5月15日

5月初旬からさまざまな行事が行われる。5月15日には、平安装束をまとった人々が練り歩く「路頭の儀」が開催される

耳ヨリ！POINT　☑ 葵祭の記念に2つ揃えてゲットしたい

107 例祭の特別御朱印

- 1000円
- 期間限定

例祭・神幸祭で行われる壮大な行列が描かれた御朱印。鼓笛隊や剣鉾、神輿、花傘などが賑々しく行進する様子は、見るだけで心が躍る。色違いで黄色もあり、どちらも揃えたくなってしまう。

賑やかな御朱印に
心が弾む♪

鼓笛の音が
聞こえそう

御朱印DATA

時間 9:00～17:00
通年 2種類（梛神社、隼神社）
限定 季節、行事などで15種類ほど
郵送 現在は可（現金書留で申込み）
※不可になる場合あり
URL ホームページ開設予定

壬生 TEL 075-841-4069
㊟ 京都市中京区壬生梛ノ宮町18-2 ㊋ 9:00～17:00 ¥ 境内自由 ㊋ 市バス壬生寺道からすぐ ㊡ 無休（臨時休あり） Ⓟ なし

◎神幸祭

日程 毎年5月の第3日曜
時間 13:00～（巡幸）

氏子の巡幸がかわいい地域の大祭

毎年第3日曜に行われる、壬生地域の氏神を祀る大祭。壬生の街中を、主祭神・素盞嗚尊（すさのおのみこと）の神霊が乗った御鳳輦（どほうれん）が氏子とともに巡幸します。地元の小中学生が務める少年鼓笛隊は、そのかわいらしくも勇ましい姿で観る者を虜に！四条通には露店も出て、華やいだ雰囲気に包まれます。

時代祭を彷彿とさせる！

耳ヨリ！POINT ☑ 御朱印は紫と黄色の2色展開

108 誕生仏 浴佛偈

- 1000円
- 期間限定

4月8日、お釈迦様が誕生された日に詠まれるお経「浴佛偈」が丁寧に書かれた御朱印。すべての人を包み込むような笑みを浮かべた子供の姿のお釈迦様と、奥様お手製だという季節の印に心温まる。

手書きタッチのわらべ姿のお釈迦様

御朱印DATA

- **時間** 2021年春の特別拝観は5月1日から2週間ほどの予定。正確な期間、時間、御朱印についてはHP参照のこと
- **限定** 月替わりは見開きタイプと1ページサイズの2種類、秋の特別拝観時は達磨御朱印が授与される
- **郵送** 不可
- **URL** https://www.daiouin.com/

2色の苔が織りなす江戸時代中期の庭園

例年は4月下旬～5月上旬に特別公開が実施されている大雄院。客殿と書院は、徳川家康の後妻であるお亀の方が、家康から贈られた伏見の屋敷を移築したものだと伝えられています。客殿南側には、2種類の苔に多種多様な緑あふれる枯山水庭園が広がっています。

妙心寺 TEL 075-463-6538

㊟ 京都市右京区花園妙心寺町52 ㊕ 御朱印授与日（予約制）、特別拝観期間のみ ㊎ 通常非公開 ㊋ 市バス妙心寺北門前から徒歩5分 ㊡ 要確認 Ⓟ 妙心寺大駐車場利用可

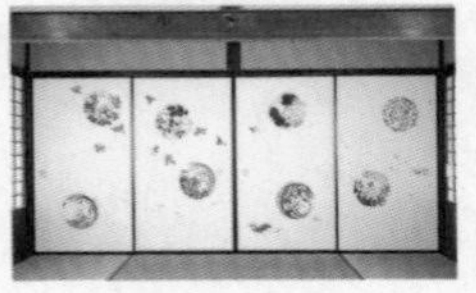

草花や鳥が美しい丸型になった襖絵

耳ヨリ! POINT ☑ 優しいタッチと色合い ☑ 禅の教えが詰まった一体

5月 大田神社（上賀茂神社）◎カキツバタ

109　大田神社の御朱印

- 300円
- 通年

かわいく花咲くカキツバタが印象的な御朱印。カキツバタの開花時期にあたる5月には、金の神楽鈴が押されるレアな御朱印をゲットできる。御朱印帳を開けばいつでもカキツバタの美しさを楽しめる。

御朱印帳でも花開く キュートなカキツバタ

御朱印DATA

時間	9:00～17:00
通年	1種類
限定	なし
郵送	不可
URL	https://www.kamigamojinja.jp/shaden-oota.html

上賀茂　TEL 075-781-0907

㊟京都市北区上賀茂本山340　㊕9:30～16:30　¥境内自由　㊋市バス上賀茂神社前（御薗口町）から徒歩10分　㊡無休　Ⓟ上賀茂神社の駐車場を利用（有料）

平安歌人も見惚れた青い花々に癒されて

上賀茂神社の境外摂社。境内の大田ノ沢には、約2万5000株ものカキツバタが自生し、5月になると紫色の可憐な花を咲かせます。「神山や 大田の沢のかきつばた ふかきたのみは色にみゆらむ」と、平安時代に藤原俊成の歌にも詠まれた美しいカキツバタは必見です。

一面に広がるカキツバタにうっとり

耳ヨリ！POINT ☑ 青々とキレイなカキツバタの印

6月

藤森神社

P.158
P.178
P.243

◎紫陽花苑開園

110　紫陽花まつり限定御朱印

- 300円
- 期間限定

淡い色をベースに絶妙な配色が素敵な御朱印。ハート型にも見えるアジサイが華を添える。御朱印の中で爽やかに咲くアジサイを見れば、梅雨の憂鬱さも吹き飛ぶはず。※毎年デザイン変更あり。

細部まで描き込まれたアジサイに魅せられる

御朱印DATA

- **時間** 9:00〜16:00
- **通年** 1種類
- **限定** 4種類（舎人親王（2020年度のみ）、京都刀剣御朱印めぐり第10弾（2020年度のみ）、鶴丸国永）
- **郵送** 不可
- **URL** http://www.fujinomorijinjya.or.jp/

伏見　TEL 075-641-1045

㊟ 京都市伏見区深草鳥居崎町609　㊋ 境内自由　¥ 境内自由　㊜ JR藤森駅から徒歩5分　㊡ 無休　Ⓟ 50台（有料）

インスタ映えする色鮮やかなアジサイ

6月初旬から約1ヶ月間開園される紫陽花苑では、約3500株の色彩豊かな花々に目を奪われます。週末には蹴鞠や太鼓、雅楽など多彩な奉納行事が行われ、境内には武具を展示する宝物殿などの見どころも。拝観後には名水と名高い御神水「不二の水」をいただきましょう。

「紫陽花の宮」と称されるのも納得！

耳ヨリ！POINT ☑ リアルに描き込まれたアジサイ

三室戸寺（みむろとじ）◎あじさい園開園（えんかいえん）

111 特別御朱印 浮舟／与楽

- 500円
- 期間限定

「浮舟」とは『源氏物語』宇治十帖の登場人物。2人の男性から愛されたことに悩み入水自殺を図るも、僧侶に助けられ出家するという波乱万丈な生涯を送った。彼女の繊細な心模様が伝わる御朱印。

淡い色のアジサイが彩る 可憐な御朱印

御朱印DATA

- 時間 8:30～15:30
- 通年 7種類
- 限定 6種類ほど（季節により変更あり）
- 郵送 不可
- URL https://www.mimurotoji.com/

宇治　TEL 0774-21-2067

㊟ 宇治市莵道滋賀谷21　㊕ 8:30～16:00（4～10月）、8:30～15:30（11～3月）　¥ 500円（あじさい園、つつじ園開園期間は800円）　㊫ 京阪三室戸駅から徒歩15分　㊡ 8月13日～15日、12月29日～31日　Ⓟ 300台

アジサイ咲き乱れる 幻想的な世界へ

関西随一の大規模なあじさい園は6月初旬から約1ヶ月間開園。西洋アジサイ、額アジサイ、柏葉アジサイなど、約50種1万株ものアジサイが咲き誇る絶景が広がります。昭和を代表する作庭家「中根金作（なかねきんさく）」の日本庭園もおすすめ。枯山水庭園と池泉回遊式庭園で構成されています。

暗闇の中浮かぶ幻想的なアジサイ

耳ヨリ! POINT ☑ カラフルな色合い ☑『源氏物語』の宇治十帖がモチーフ

6月

両足院(りょうそくいん)

◎初夏の特別公開

112　汎下生御朱印

- 300円
- 期間限定

「汎下生」は観音様の変化の表れを意味する言葉。半夏生が白く変化することと観音様が救済のために変化されるイメージを重ねている。半夏生を観音様のように大切に扱う両足院ならではの御朱印。

流れるような
巧みな筆使いに惚れる

御朱印DATA

時間 10:00～16:00
通年 1種類
限定 3種類（雪梅雄鶏図(せつばいゆうけいず)朱印、達磨観音御朱印）※御朱印帳を購入された方に授与
郵送 不可
URL https://ryosokuin.com/

祇園　TEL 075-561-3216

㊟ 京都市東山区小松町591　㊓ 通常非公開　㊡ 京阪祇園四条駅から徒歩7分　㊡ 無休（坐禅実施日は要HP確認）　Ⓟ 建仁寺有料駐車場利用

◎初夏の庭園特別公開

日程 5月末～7月初旬
時間 10:00～16:00　**料金** 600円

真っ白な半夏生が初夏の緑に映える

写経や坐禅など禅修行の一環を体験できるお寺。通常非公開の境内は6月中旬～7月初旬頃半夏生が見頃になる時期に合わせて公開され、所蔵している文化財も拝観できます。半夏生とは葉の一部が白くなる珍しい植物。庭園の池辺に咲いた半夏生は涼し気で癒されることでしょう。

「半化粧」が転じて「半夏生」に

耳ヨリ！POINT　☑ 朱色と墨書のコントラスト

6月

天得院（てんとくいん）◎初夏の特別拝観

113　千手観音御朱印

- 300円
- 期間限定

千の手と千の目で一切の衆生を救う観音菩薩である、本尊「千手観音」がすっきりとした文字で書かれた御朱印。大きく押印された桔梗印は、桔梗のお寺と呼ばれる天得院だからこそ。

桔梗のお寺でいただく期間限定御朱印♪

素朴なお庭を散策

御朱印DATA

時間　詳細はHP参照
限定　1種類
郵送　可（HPからメール・FAXで申込み）
URL　https://tentokuin.jp/

京都駅周辺　TEL 075-561-5239

㊟ 京都市東山区本町15-802　㊕ 夏季・秋季のみ拝観可※詳細はHP参照　¥ 未定　㊋ JR・京阪東福寺駅から徒歩7分　㊡ 通常非公開（特別公開中は無休）　Ⓟ 東福寺駐車場利用（紅葉期間中は利用不可）

桔梗を愛でながら憩いのひと時を

東福寺塔頭である天得院の最大の魅力は庭園です。桃山時代に作庭された枯山水庭園は、整然と配置されているイメージと異なり、一面苔に覆われた趣あふれるものです。6月下旬～7月中旬頃にかけて紫桔梗や白桔梗、紫や白の八重桔梗が凛と咲き、緑の苔が庭園を彩ります。

桔梗の花手水もフォトスポット

耳ヨリ！POINT　☑ 天得院で授与される唯一の御朱印

114　御霊会朱印

- 500円
- 期間限定

祇園祭が行われる7月1日～31日のみ授与される御朱印。山鉾を引くダイナミックな様子が細やかに描かれる。御靈會の文字の上には、八坂神社の御神紋である、三つ巴と木瓜の押印がされる。

豪華な山鉾が描かれる限定御朱印はマストでゲット！

◎祇園祭

日程
- 前祭宵山　7月14日～16日
- 前祭山鉾巡行　7月17日
- 後祭宵山　7月21日～23日
- 後祭山鉾巡行　7月24日

迫力満点の神輿渡御

コンチキチンに誘われ夏の風物詩を満喫

869（貞観11）年、日本各地で流行した疫病を鎮めるため、災厄の除去を祈ったことが始まりといわれる祇園祭。7月1日から31日の期間中には約180万人が訪れ、山鉾巡行をはじめとした様々な祭事を楽しみます。祇園囃子で夏情緒を感じながら、個性豊かな山鉾を堪能しましょう。

耳ヨリ！POINT ☑ 山鉾の細部まで表現された押印

115 祇園祭特別限定朱印

- 左:300円
  右:500円
- 期間限定

7月14日～24日のみ授与していただける限定御朱印。祇園祭の山鉾、夜空を鮮やかに彩る花火、どこか懐かしさ感じる豚の蚊取り線香…見ているだけで京都の夏を満喫したような気持ちに。

華やかな山鉾や花火が祭りムードを盛り上げる

御朱印DATA

- 時間 9:00～16:00
- 通年 2種類
- 限定 年により異なる（七夕の書置き御朱印など）
- 郵送 不可
- URL http://kyotodaijingu.jp/

歴史ある神社に萌えキャラがいる!?

1873（明治6）年に、お伊勢参りが叶わない人々のために伊勢神宮の遥拝所として建てられた京都大神宮。屋根の装飾である唐破風の優美な曲線は日本有数といわれています。近年は巫女さんキャラのついた授与品もあり、京の都のお伊勢様として高い人気を誇っています。

四条河原町 TEL 075-351-0221

㊟ 京都市下京区貞安前之町622 ㊋ 8:00～19:00 ¥ 境内自由 ㊮ 阪急京都河原町駅から徒歩4分 ㊡ 無休 Ⓟ なし

本殿は一条家の玄関及び書院を移築

耳ヨリ! POINT ☑ 彩りにあふれた京都の夏を感じる一体

祇園祭の山鉾御朱印＆京都五社めぐり

夏の風物詩・祇園祭と、四神にまつわる５社を訪れる京都五社めぐり。
ひと味違う御朱印体験で京都を感じてみましょう。

コレが祇園祭の山鉾御朱印！

月鉾（つきほこ）

鉾頭（ほこがしら）に三日月がつけられることからこの名で呼ばれる鉾。御朱印には、三日月と屋根に施される太陽を象徴する三本足の烏が描かれる。

CHECK

- ☑ 基本はセルフでスタンプ押し
- ☑ 志納料は山鉾により異なる
- ☑ 30種類以上もある
- ☑ デザインは年により変わるところもある

御朱印DATA

期間 前祭宵山（7月14日〜16日）、後祭宵山（7月21日〜23日）
時間 10:00〜23:00（山鉾町により変動あり）
場所 各山鉾町の会所
料金 志納

問合わせ：
祇園祭山鉾連合会　℡075-741-7211

御朱印は30種類以上！推し鉾をゲットしよう

京都三大祭の一つに数えられる祇園祭。七月一日から行われる「吉符入（きっぷいり）」に始まり、三十一日の「疫神社夏越祭」で幕を閉じるまで、一ヶ月にわたって多彩な祭事が行われる八坂神社の祭礼です。

祇園祭のハイライトは、「前祭」と「後祭」に行われる山鉾巡行。優美な刺繍や織物で華麗に彩られる山鉾は、全部で三十三基。勇壮な山鉾の練り歩きはもちろん、巡行順を確認する「くじ改め」や、山鉾の方向を変える「辻廻し（つじまわし）」など、見どころが満載。各山鉾をモチーフにした御朱印をいただけるのも、祇園祭の楽しみの一つです。

祇園祭の御朱印は、スタンプ型の御朱印を自分で押すのが基本。祭の活気に満ちた町を歩きながら、御朱印集めを楽しみましょう。

コレが京都五社めぐりの御朱印！

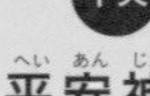

西
白虎
松尾大社
＞P.236
酒造の神様として知られる神社。平安京の西側には、山陰道の大路が続いていた。

北
玄武
上賀茂神社
賀茂別雷神社
＞P.116,139,190
境内全域が世界文化遺産に登録される京都最古の社。北側にある船岡山が都を見守った。

南
朱雀
城南宮
＞P.66,98,104,246
家づくりの守り神・城南宮。都の南側には、広大な巨椋池があった。

東
青龍
八坂神社
＞P.101,124,157,178,235
毎年7月に行われる祭礼・祇園祭が有名な全国祇園社の総本社。都の東側は鴨川が流れる水に恵まれた土地。

中央
平安神宮
＞P.148,247
日本文化のおや神様・桓武天皇が御祭神。四神相応の地、平安京の中心にあり、大極殿になぞらえる。

CHECK

- ☑ 最初にお参りした神社で色紙を授与していただく
- ☑ めぐる順番は自由
- ☑ すべての御朱印を集めると満願記念品しおりがいただける

御朱印DATA

初穂料 1000円（色紙＋最初の神社の御朱印初穂料）、300円（残り4社各社での朱印初穂料）

時間 各社により異なる

問合わせ：
城南宮　TEL075-623-0846

平安京時代から京を守る四神ゆかりの五社をめぐる

祇園祭で八坂神社を訪れたら、京都五社めぐりもお忘れなく。京都五社めぐりとは、方角を司る「四神」により守られた平安京ゆかりの五社を参拝するものです。

平安京は「四神相応の地」に造営されました。「四神相応の地」とは、北に高くそびえる山、南に広く開けた湖沼、東に清く流れる川、そして西に大きな道が続く、自然に囲まれた土地のこと。平安京は、これらの条件を満たした理想の地だったのです。京都五社めぐりで歴史とパワーを感じながら神のご加護の証をいただきましょう。

7月

貴船神社

＞P.173 P.246

◎七夕笹飾り

116 御朱印（貴船神社本宮）

- 300円
- 通年

国内屈指のパワースポットである貴船神社の御朱印は、二葉葵と貴船菊（秋明菊）の朱印がポイントの可愛らしい一体。ピンク×白の水玉模様の御朱印帳も販売されているので、あわせてゲット！

夏の夕涼み…
短冊に願いごとを託して

御朱印DATA

時間 9:00～17:00
通年 1種類
郵送 不可
URL http://kifunejinja.jp/

貴船 TEL 075-741-2016

㊟ 京都市左京区鞍馬貴船町180 ㊕ 6:00～20:00 ¥ 境内自由 ㊯ 京都バス貴船から徒歩5分 ㊡ 無休 Ⓟ 本宮10台・奥宮15台（ともに有料）

◎七夕笹飾りライトアップ

日程 7月1日～8月15日
時間 日没～20:00
料金 短冊1枚100円

鮮やかな緑の青モミジも見どころ

7月1日～8月15日に開催される七夕笹飾り。貴船神社の境内はカラフルな短冊で装飾された笹飾りで彩られます。1つ100円の短冊をゲットして、願いごとを短冊へ託しましょう。夜にはライトアップが行われ、柔らかな緑の青モミジと相まって幻想的な光景が広がります。

短冊がキラキラと夜風にたなびく

耳ヨリ！POINT ☑ 愛らしい二葉葵と貴船菊の印

7月

正寿院（しょうじゅいん）

P.090

◎風鈴（ふうりん）まつり

117　季節画御朱印

- 800円
- 期間限定

あどけない表情で風鈴を見つめるネズミと大胆に描かれた「涼風」の文字が目をひく御朱印。風にそよぐ朝顔の風鈴からは、まるで涼し気な音色が聞こえてくるよう。直書きも可能。

愛らしいネズミの絵柄
絵本のような雰囲気が素敵！

御朱印DATA

時間 9:00〜16:30
通年 8種類　限定 月替わり多数あり
郵送 可(HPの注文フォームから申込み)(御朱印帳購入の場合は直書き)
URL http://shoujuin.boo.jp/

宇治田原　TEL0774-88-3601

㊟ 宇治田原町奥山田川上149 ㊐ 9:00〜16:30（11〜3月は〜16:00） ¥ 600円（お茶・菓子付） ㊋ 京阪バス維中前からタクシーで10分 ㊡ 行事により変動 Ⓟ60台

一部不可

◎風鈴まつり

日程 7月〜9月中旬
時間 9:00〜16:30(HP参照)
料金 800円(お茶・お菓子付)

涼しい音色を奏でる「風鈴の世界」

「京都の風鈴寺」とも称される正寿院では、7月〜9月中旬頃まで2000個を超える個性豊かな風鈴が境内に吊るされ、風が吹く度一斉に音色を奏でます。風鈴の絵付けをしたり、「私の花手水」と題し、花手水に自由に花を飾ったり…女性に大人気の体験も目白押しです。

風鈴の大合奏を心ゆくまで満喫

耳ヨリ！POINT ☑ 涼し気な風鈴と朝顔の絵柄

7月
下鴨神社（賀茂御祖神社）

P.116
P.174

◎御手洗祭

118　御朱印（御手洗社）

- 500円
- 期間限定

御手洗池に湧き出す水泡を形作って団子にしたことから、みたらし団子発祥の地といわれる下鴨神社。みたらし団子のキュートな押印は、御手洗祭当日のみ、2本になるという特別感。

夏の暑さを吹き飛ばす
京の風物詩御朱印

御朱印DATA

時間 9:00〜16:30
通年 6種類　限定 2種類
郵送 不可
URL https://www.shimogamo-jinja.or.jp/

下鴨神社　TEL 075-781-0010

㊟ 京都市左京区下鴨泉川町59　㊛ 9:00〜16:30　¥ 500円（大炊殿）　㊫ 市バス下鴨神社前から徒歩5分　㊡ 無休　Ⓟ 100台（有料）

◎御手洗祭

日程 7月の土用の丑の日（前後5日間）
時間 9:00〜21:00　料金 祈願料300円

冷た〜い足つけ神事で無病息災を願う

下鴨神社境内の御手洗池に足を浸して無病息災を願う「足つけ神事」。受付でもらえるろうそくに火を灯して御手洗池を進み、御手洗社前の祭壇でお祈りを。祈願後は、無病息災の霊験あらたかな御神水をいただきます。最後に賀茂みたらし茶屋でみたらし団子を食べてほっとひと息。

御手洗池は大人の膝くらいまでの深さが！

耳ヨリ！POINT　☑ 2つのお団子は限定の証

7月 愛宕(あたご)神社(じんじゃ) 〉P.218

◎千日通夜祭（千日詣り）

119 金亥御朱印

- 500円
- 期間限定

通常は朱色の神使の猪の印が、千日詣りでは特別な金色に。約4km2時間の登山道（参道）を登った人だけがいただける、というのがまた格別。1月1日～3日と毎月23日の月次祭でも限定授与。

愛宕山を登り切った先の「登拝」の文字が何より嬉しい

火迺要慎（ひのようじん）」のお札。小400円、大500円

御朱印DATA

- 時間 9:00～16:00（冬期は～15:00）
- 通年 3種類
- 限定 1種類
- 郵送 不可
- URL http://atagojinjya.jp/

真夏の空気の中 火伏の神の聖なる山へ

924mの愛宕山頂に祀られるのが、火伏（防火・鎮火）の霊験あらたかな愛宕神社。千日詣りが有名で、期間中に山道を登り参拝すれば、なんと1000日分のご利益が得られるのだとか。参拝者同士がお互いに「おのぼりやす」「おくだりやす」と声をかけるのも独特の習わしです。

山上は神域らしい静けさ

愛宕山上 TEL 075-861-0658

住 京都市右京区嵯峨愛宕町　時 9:00～16:00（冬期は～15:00）　¥ 境内自由　交 京都バス清滝から徒歩120分　休 無休　P なし

◎千日通夜祭

- 日程 7月末頃 ※例年は7月31日夜～8月1日2時
- 時間 9:00~16:00　料金 無料

耳ヨリ! POINT ☑「参拝」ではなく「登拝」の字

高台寺

P.162
P.222

◎百鬼夜行展

120　百鬼夜行展限定御朱印

- 300円
- 期間限定

中央の「慈」が象徴するように、妖怪たちも救われる仏様の慈しみ深い心を表した御朱印。妖怪「からかさ小僧」のとぼけたような表情に癒される。※台紙やデザインは年により変更の場合あり。

ユーモアにあふれた妖怪にジワジワくる！

御朱印DATA

- 時間　9:00～16:30
- 通年　3種類
- 限定　4種類以上※季刊限定
- 郵送　不可
- URL　https://www.kodaiji.com/

清水寺周辺　TEL 075-561-9966

㊟京都市東山区高台寺下河原町526　㊕9:00～17:00　¥600円　㊯市バス東山安井から徒歩7分　㊡無休　Ⓟ100台

一部不可

◎百鬼夜行展

- 日程　7月15日～8月31日
- 時間　9:00～18:30(受付終了は～18:00)
- 料金　通常の拝観料

お寺がまるごと百鬼夜行の雰囲気に！

7月15日～8月31日に開催される百鬼夜行展では、新旧2本の「百鬼夜行図」絵巻や、幕末～明治に活躍した浮世絵師・河鍋暁斎の「百鬼夜行屏風」や「地獄太夫の掛軸」などが特別に展示されます。おばけ提灯が吊るされた境内で、百鬼夜行の世界観にたっぷりと浸りましょう。

藤井湧泉が描いた襖絵「妖女赤夜行進図」

耳ヨリ！POINT　☑ どこか憎めない表情の妖怪

121　御手洗祭（北野七夕祭）限定御朱印

- 500円
- 期間限定

七夕信仰が根強く残る機織りの町・西陣。地元の人々に親しまれる「天神様の七夕」限定の御朱印には、新古今和歌集に収録されている、菅原道真公の「七夕の御歌」が風情豊かに記されている。

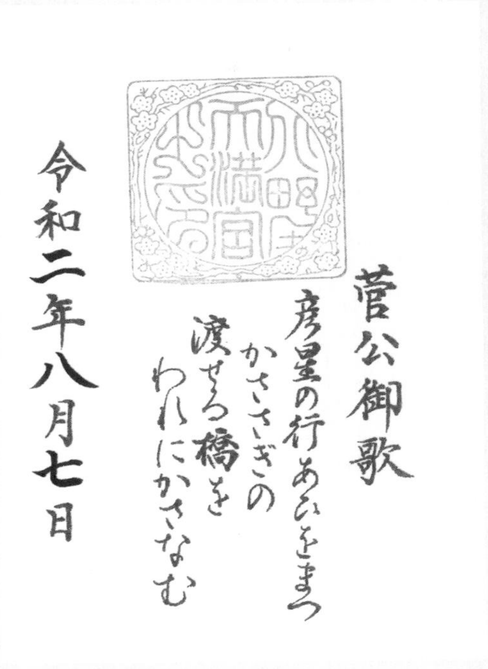

七夕の歌に願いを込めて

菅公御歌
彦星の行あひをまつ
かささぎの
渡せる橋を
われにかさなむ

令和二年八月七日

◎御手洗祭（北野七夕祭）

日程 7月7日〜8月中旬

時間 9:00〜17:00(行事などにより変更あり)

期間中、境内ライトアップや御手洗川足つけ燈明神事、御本殿石の間通り抜け神事などを実施

笹の葉や短冊が風にそよぐ夏の境内

色とりどりの短冊で鮮やかに染まる境内

古来、平安京における祓いと清めの重要な役割を担ってきた北野天満宮では、旧暦にあわせて御手洗祭を斎行。鳥居や参道、御土居など至る所に笹飾りがあふれ、境内はとってもカラフルに。幻想的なライトアップや「御手洗川足つけ燈明神事」など、この時だけの催しも多彩です。

耳ヨリ！POINT ☑ 道真公が七夕の夜に詠んだ歌

8月

若宮八幡宮社（わかみやはちまんぐうしゃ）
P.205

◎五条坂陶器まつり

122　御朱印（若宮陶器神社）

- 300円
- 通年

陶器にゆかりのある神社ならではの、ひと癖ある壺の朱印がよいアクセントに。1949（昭和24）年に陶祖神である椎根津彦命（しいねつひこのみこと）を祀ったことから「陶器神社」と呼ばれるようになったのだとか。

コロンとした壺のフォルムが愛らしい

御朱印DATA

時間 9:00～17:00
通年 4種類
郵送 不可
URL https://wakamiya-hachimangu.jp/

清水寺周辺　TEL 075-561-1261

㊟ 京都市東山区五条橋東五丁目480
㊋ 境内自由　¥ 境内自由　㊋ 市バス五条坂から徒歩3分　㊡ 無休　Ⓟ なし

◎五条坂陶器まつり

日程 8月7日～10日
時間 9:00～22:00

陶器でできた陶器神輿が巡行！

若宮八幡宮社では、8月7日～10日に若宮祭とあわせて五条坂陶器まつりが行われます。陶器神輿が巡行し、約400店の出店で賑わう五条坂一帯は掘り出し物を求める人でいっぱいになります。近年では陶芸家を目指す若者の出店が増えており、新たな活気にあふれています。

京都市指定有形文化財の本殿

耳ヨリ! POINT　☑「若宮陶器神社」と書かれた壺の押印

8月 千本ゑんま堂 引接寺 ◎お精霊さん

123 お盆限定御朱印

- 500円
- 期間限定

右:「お盆」は故人が帰ってくる喜びを詠んだ御朱印、左上:「おしょらいさん」は大文字の送り火が彩る御朱印、左下:「送り火」は8月16日限定のレア御朱印…どの御朱印も魅力たっぷり。

1日限りの 超レアな御朱印も！

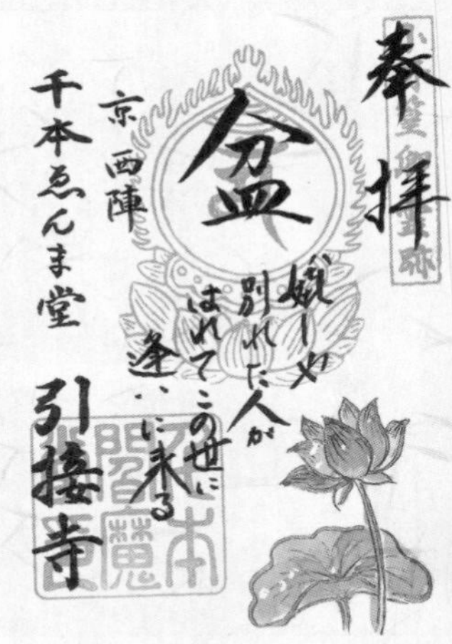

御朱印DATA

- **時間** 9:30～16:00
- **通年** 2種類
- **限定** 6種類
- **郵送** 可（電話・FAXで申込み）
- **URL** http://yenmado.blogspot.com/

北野天満宮周辺 TEL 075-462-3332

㊟ 京都市上京区閻魔前町34 ㊗ 9:30～16:00 ¥ 境内自由 ㊛ 市バス千本鞍馬口から徒歩2分 ㊡ 無休 Ⓟ なし

◎お精霊迎え・送り（16日）

- **日程** 2020年は8月7日～16日
- **時間** 7:00～20:00（16日は6:00～18:00）

迎え鐘はご先祖様のお出迎え！

閻魔法王を本尊とするお寺。一般的に怖いイメージの閻魔様ですが、実は人間界を司る、とても身近な仏様です。8月7日～15日に行われるお精霊迎えは、閻魔様の許しを得てこの世に里帰りをする先祖を迎える行事。地蔵供養池に水塔婆を流し、迎え鐘をついてお出迎えしましょう。

お地蔵様は閻魔様の化身なのだとか

耳ヨリ！POINT ☑ カラフルな蓮の花や大文字のイラスト

P.156

124 「江戸・花洛細見図」特別御朱印［地蔵尊・薬師佛］

- 2000円
- 期間限定

江戸・花洛細見図を細部に至るまで模写した繊細さ極まる御朱印。地蔵尊とは大地のように広大な慈悲で救済する菩薩であり、薬師佛とは病気を平癒して心身の健康を守る現世利益の仏様。

紺紙に金色が映える絢爛豪華な御朱印！

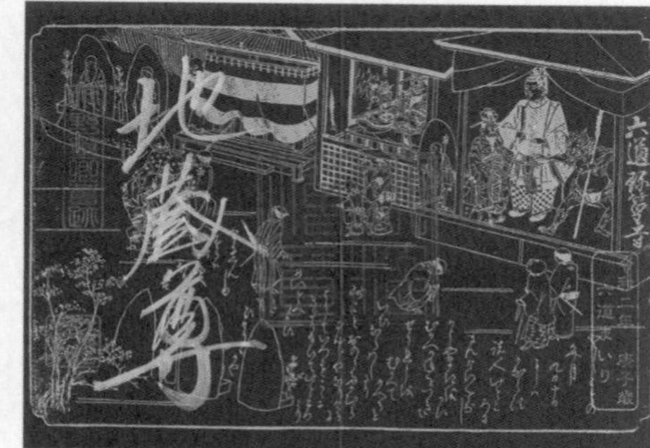

芸術的な美しい一体

125 紺紙金泥御朱印「小野篁卿」

- 600円　- 期間限定

色合いが印象的な紺紙金泥御朱印は「小野篁卿」含めて10種類あり、すべて揃えたくなるほど魅力的。中央下には「大椿山六道珍皇寺」、左の寺号の上には寺紋である「笹竜胆」が押印。

耳ヨリ！POINT ☑ 江戸・花洛細見図の描写が細やか

126　厄除け・悪疫退散閻魔御札兼御朱印

- 600円
- 期間限定

閻魔様の恐ろしげな形相がインパクト大の御朱印。閻魔様は死者を三悪道（地獄・飢餓・畜生）の道に行かせないようにするため、怒りの表情で地獄の恐ろしさを諭しているといわれている。

閻魔様の表情に凄みを感じる

御朱印DATA

時間 9:00〜16:00
通年 3種類　限定 約10種類
郵送 不可
URL http://www.rokudou.jp/

六道珍皇寺

清水寺周辺　TEL 075-561-4129

㊟ 京都市東山区小松町595　㊕ 9:00〜16:00　㊎ 境内自由（特別展は600円）　㊋ 市バス清水道から徒歩5分　㊡ 12月28日〜31日　Ⓟ なし

◎六道まいり

日程 8月7日〜10日
時間 6:00〜22:00

鐘の音を鳴らしてご先祖様をお出迎え

境内の「六道の辻」は冥界との出入り口。先祖は必ずこの辻を通り家に帰ると信じられており、お迎えに詣でるようになったのが「六道まいり」の由来。毎年8月7日〜10日までの4日間行われます。

鐘楼から出ている紐を引くと鐘が鳴る

耳ヨリ！POINT　☑ 銀紙に閻魔様が映える

P.044
P.099

127　五山送り火御朱印

- 1000円
- 期間限定

五山の送り火にちなみ大福寺の「大」が送り火になっている。写真のものは縮小された令和2年の送り火を忠実に再現した特別なもので、翌年はすべての火が灯りますようにと願いが込められている。

五山送り火とコラボ！
赤く灯された“大”福寺

◎五山送り火

日程 8月16日

時間 20:00〜東山「大文字」、20:05〜松ケ崎「妙・法」、20:10〜西賀茂「船形」、20:15〜大北山「左大文字」、20:20〜嵯峨「鳥居形」

京の夜空にきらめく
五つの送り火

お盆の夜空を染める「五山送り火」は精霊を送る伝統行事。まず先祖の霊や人々の息災を願って記名された護摩木（ごまぎ）が山上に運ばれ、神事のあと送り火が点火されます。東山・如意ヶ嶽（にょいがたけ）に大文字が浮かび上がり、最後の嵯峨鳥居本・曼荼羅山（まんだらやま）の鳥居形まで、各所に次々と送り火が灯ります。

京都市登録無形民俗文化財！

耳ヨリ！POINT　☑ 2つの「大」の融合　☑ 夏の夜を表した黒台紙

9月

車折神社

◎重陽祭

128　御朱印（車折神社）

- 300円　- 通年

車輪の朱印がさりげない御朱印。菊の挿頭をつけて舞う舞楽を堪能した後、授与していただこう。

御朱印DATA

時間 9:00〜17:00
通年 2種類
郵送 可（電話・FAXで申込み）
URL http://www.kurumazakijinja.or.jp/

嵯峨野　TEL 075-861-0039

㊟ 京都市右京区嵯峨朝日町23　㊕ 9:00〜17:00　¥ 境内自由　㊋ 嵐電車折神社駅からすぐ　㊡ 無休　Ⓟ 20台（16:30閉鎖・施錠）

朱印と墨書きのみシンプルさが魅力

菊酒を味わいつつ、美容と健康をお祈り

9月9日に行われる不老長寿を祈願する祭り。特別祈願に申し込むと「効く」と「菊」がシャレになったお守り「美容と健康に効く（菊）お守り」がいただけます。

上賀茂神社（賀茂別雷神社）

◎重陽神事・烏相撲

P.116
P.127
P.190

129　通常御朱印

- 300円　- 通年

山城国一之宮と上賀茂神社の正式名称・賀茂別雷神社の文字が書かれる。ご神紋の二葉葵が優雅な一体。

御朱印DATA

時間 9:00〜17:00
通年 1種類　限定 2種類
郵送 不可
URL https://www.kamigamojinja.jp/

上賀茂神社　TEL 075-781-0011

㊟ 京都市北区上賀茂本山339　㊕ 5:30〜17:00　¥ 境内自由　㊋ 市バス上賀茂神社前（御薗口町）から徒歩3分（令和3年3月頃まで）　㊡ 無休　Ⓟ 170台（有料）

一部不可

京都最古の神社で最強ご利益をゲット！

神のパワー感じる世界文化遺産でお祈り

9月9日に行う無病息災を祈願する祭典。烏相撲では白装束を着た刀禰が「カーカー」と烏の鳴き声のマネをする場面も。その後子どもたちの相撲が奉納されます。

耳ヨリ！POINT ☑ 達筆に刻まれる美文字御朱印

130　萩まつり御朱印

- 500円
- 期間限定

生い茂る萩と神門…梨木神社を代表するモチーフが描かれた御朱印。御祭神が明治維新に貢献した公卿、三條実萬(さんじょうさねつむ)・実美(さねとみ)父子であることにちなみ、「三條花角(さんじょうはなかく)」が神紋として施されている。

詩情あふれる
とっておきの一体

御朱印DATA

- 時間　9:00〜17:00
- 通年　1種類
- 限定　1〜2種類（季節による）
- 郵送　可（HPからメールで申込み）
- URL　http://nashinoki.jp/

京都御所周辺　TEL 075-211-0885

㊟ 京都市上京区染殿町680 ㊡ 9:00〜17:00 ¥ 境内自由 ㊋ 市バス府立医大病院前から徒歩3分 ㊡ 無休 Ⓟ なし

可憐な花が咲き誇る京都随一の萩の名所

9月第3または第4日曜日前後に行われる萩まつり。ヤマハギ・ミヤギノハギ・マルバハギなど500株以上の萩が、愛らしい花を咲かせて枝垂れる光景に魅了されます。献詠(けんえい)の短冊や鈴虫を入れた竹籠を神前に奉納する神事をはじめ、日舞・弓術(きゅうじゅつ)披露・狂言などの奉納も行われます。

萩は万葉の時代から愛される秋草

耳ヨリ! POINT　☑ 水彩画のような爽やかな御朱印

宝蔵寺

P.064
P.241

◎八臂弁財天縁日

131 八臂弁財天御朱印

- 300〜600円
- 期間限定

八臂弁財天の縁日である毎月7日にいただける特別な御朱印。9月は、お月見シーズンならではのかわいいウサギバージョン！桜や鈴虫など月ごとに絵柄が異なり、ほのぼのとした優しいタッチが魅力。

毎月7日限定！
季節を感じる弁財天

御朱印DATA

- 時間 10:00〜16:00（月曜休、臨時休業あり）
- 通年 4〜5種類（木版画ドクロ朱印、カラードクロ朱印など）
- 郵送 可（HPからメールで申込）、不定期に実施
- URL http://www.houzou-ji.jp/

河原町 TEL 075-221-2076

㊟ 京都市中京区裏寺町587 ㊕ 通常非公開（伊藤家のお墓や本堂前庭は10:00〜16:00参拝可） ¥ 無料 ⓧ 市バス・京都バス河原町三条または市バス四条河原町から徒歩3分 ㊡ 月曜（祝日縁日の場合は翌平日）※臨時休業あり Ⓟなし

ラッキーセブンは七福神ゆかりの日！

繁華街の真ん中、裏寺町通りに佇む歴史ある古寺。伊藤若冲の菩提寺であり、伊藤家のお墓をお参りすることができます。緑豊かな前庭には八臂弁財天の社や天道大日如来の祠も。良縁成就のご利益で知られる八臂弁財天にあやかるべく、毎月7日を狙って出かけてみましょう！

右手にあるのが八臂弁財天の社

耳ヨリ！POINT ☑ 毎月変わる季節のモチーフ

9月

神泉苑（しんせんえん）

→ P.226

◎観月会（かんげつかい）

132 観月会

- 300円
- 期間限定

墨書きされているのは、俳人・与謝蕪村の俳句「名月や 神泉苑の魚おと（ど）る」。その句に詠まれた情景がそのまま絵になったような、丸の押印もかわいらしい。観月会の特別御朱印帳もあり。

蕪村の玉句がモチーフ！
月下に魚がおどる押印も

御朱印DATA

- 時間 9:00～16:30
- 通年 7種類
- 限定 8種類
- 郵送 可（HPからメールで申込み）
- URL http://www.shinsenen.org/

気分はまるで平安貴族 雅な調べの中のお月見

中秋の名月が空に昇る頃に催される観月会。聖なる水の園で美しい調べを聴きながらのお月見に、心も月のように丸く穏やかになっていくようです。神泉苑は元々は禁苑で、皇族や貴族が頻繁に足を運びました。彼らも同じように管絃の響きを聴きつつ、月を愛でたことでしょう。

二条城周辺 TEL 075-821-1466

住 京都市中京区門前町167 時 8:30～19:30（授与所9:00～17:00） ¥ 境内自由 交 地下鉄二条城前駅から徒歩2分 休 無休 P なし

月明かりが照らす神秘的な庭園

◎観月会

- 日程 9～10月の中秋の名月に近い土曜
- 時間 18:00頃～ 料金 無料

耳ヨリ！POINT ☑ 与謝蕪村の俳句とかわいらしい押印

133 御朱印（大沢池）

- 300円
- 通年

大沢池参拝口でのみ授与していただける御朱印。右上に記されている通り、大沢池は日本最古の人工池であり、中国の洞庭湖を模して造られたといわれる。※御朱印（大沢池）は貼り付けのみ。

ロマンチックな秋の宴
御朱印も忘れずゲット

御朱印DATA

時間 9:00〜16:30
通年 2種類
限定 1種類（季節朱印）
郵送 不可
URL https://www.daikakuji.or.jp/

嵯峨野 TEL 075-871-0071

㊟ 京都市右京区嵯峨大沢町4 ㊕ 9:00〜17:00（受付終了は〜16:30） ¥ お堂エリア大人500円・小中高300円、大沢池エリア大人300円・小中高100円 ㊋ JR嵯峨嵐山駅から徒歩20分 ㊡ 無休（寺内行事により内拝不可日あり） Ⓟ 30台（有料）

1200年の歴史！大沢池で月を愛でる

毎年中秋の名月に開催される、観月の夕べ。かつて嵯峨天皇が文化人や貴族とともに行った月見の宴が始まりといわれています。僧侶たちによる満月法会をはじめ、龍頭鷁首舟での大沢池の遊覧などがあります。満月と水月…2つの月を愛でる粋なひと時を過ごしませんか？

大沢池は日本三大名月観賞地！

耳ヨリ！POINT ☑ ダイナミックな筆致

134 船岡大祭特別御朱印

- 300円
- 期間限定

真ん中の印は、信長が使っていたという「天下布武龍章」。まさしく天下人・信長にふさわしい威厳と装飾の華やかさ。右下には信長のサインである花押(かおう)が再現されている。

大迫力の龍の印！
信長公の花押(サイン) 入り

御朱印DATA

- 時間 9:00〜17:00
- 通年 4種類
- 限定 2種類
- 郵送 不可
- URL http://kenkun-jinja.org/

紫野 TEL 075-451-0170

㊟ 京都市北区紫野北舟岡町49 ㊋ 境内自由（社務所9:00〜17:00） ¥ 境内自由 ㊕ 市バス建勲神社前から徒歩9分 ㊡ 無休 Ⓟ なし

◎船岡大祭

日程 10月19日 時間 11:00〜

『敦盛』や火縄銃演武 信長を偲ぶ勇壮な奉納

祭神・織田信長の勲功を伝える船岡大祭では、神事や信長が好んだという仕舞『敦盛』、舞楽・演武などが毎年奉納されます。特に壮観なのが火縄銃演武。甲冑を着た奉納者が引き金を引くと、重々しい銃声が山中に轟きます。※舞楽・演武の奉納内容は年によって異なる。

4年に一度ほど奉納される火縄銃演武

耳ヨリ! POINT ☑ 和紙の台紙と金色の家紋

P.180 P.220 P.243

10月

宝鏡寺門跡(ほうきょうじもんぜき)

◎人形供養祭(にんぎょうくようさい)

135 御朱印（観世音菩薩）

- 300円
- 通年

中央に書かれる御本尊・観世音菩薩の名前と、6つの菊の御紋の押印が印象的。代々天皇の皇女が住職を務めた寺であることから、右上には旧百々御所(きゅうとどのごしょ)という御所号も押印。格式の高さを感じられる御朱印。

人形の寺で年に一度の人形供養

由緒正しき門跡寺院

御朱印DATA

時間 10:00〜15:30
通年 1種類
限定 1種類
郵送 不可
URL http://hokyoji.net/

皇室ゆかりの尼寺は美しい庭園も楽しんで

多くの人形を所蔵することから人形の寺として知られる寺院。毎年10月14日には年に一度の総供養である人形供養祭が行われます。法要後には、舞や和楽器の演奏で人形たちとの思い出にお別れを。訪れた際には、椿やイロハモミジなど、四季折々の自然が息づく庭園も見学しましょう。

お勤めに参列したらお焼香もできる

西陣　TEL 075-451-1550

㊟ 京都市上京区百々町547　㊣ 10:00〜15:00　㊎ 行事により異なる　㊫ 市バス堀川寺ノ内からすぐ　㊡ 春と秋のみ公開　Ⓟ 7台

◎人形供養祭

日程 10月14日
時間 10:30〜12:00
（受付は10:00〜10:30）

耳ヨリ! POINT ☑ 人形への思いを込める優しい押印

東林院◎梵燈のあかりに親しむ会

静寂の中で願う特別タイム
心落ち着く安らぎ御朱印

136 参拝記念

- 300円
- 期間限定

力強くもはかなく散る沙羅の花を表現。通常非公開だが、宿坊として利用できることから京の宿坊の文字も。季節の催事によっては沙羅の印が押されることもあるので、訪れる度に授与いただきたい。

心洗われる美しさ

御朱印DATA

時間 小豆粥で初春を祝う会1月15日～31日（11:00～15:00）、沙羅の花を愛でる会6月15日～30日（9:30～16:00）、梵燈のあかりに親しむ会10月16日～25日（18:00～21:00）
通年 1種類
郵送 不可

秋の夜をはかなく灯す梵燈にうっとり

沙羅の花の落下の風情が楽しめることから、「沙羅双樹の寺」として知られる寺院。10月16日から25日までは梵燈のあかりに親しむ会が開かれ、期間中のみ参拝可能です。小さな明かりを灯すあかり瓦「梵燈」は、住職の手作り。参拝者が思い思いの時間を過ごす心穏やかな空間です。

妙心寺 TEL 075-463-1334

㊟ 京都市右京区花園妙心寺町59 ㊕ 通常非公開 ¥ 行事により異なる ㊇ 市バス妙心寺前から徒歩6分 ㊡ 通常非公開 Ⓟ 10台

禅語に習った漢字も灯される

耳ヨリ! POINT ☑ 力強くも心落ち着く御朱印

P.233

137 役行者霊蹟札所会御朱印

- 300円
- 通年

光格天皇が修験道の開祖に贈った諡（おくりな）「神変大菩薩」の字が記された御朱印。天皇家との縁の深さから菊の御紋を使い、法具・ほら貝を合わせた印が押される。年によって期間限定の御朱印も登場！

菊の御紋は〝天皇家ゆかり〟の証です

芸術の秋もええな〜

御朱印DATA

時間 9:30〜16:30
通年 3種類
郵送 不可
URL https://www.shogoin.or.jp/

聖護院 TEL 075-771-1880

㊟ 京都市左京区聖護院中町15 ㊐ 10:00〜16:00 ¥ 境内自由（特別公開時800円） ㊋ 市バス熊野神社前から徒歩3分 ㊡ 無休 Ⓟ 5台

◎秋の特別公開

日程 9月下旬〜12月上旬 ※年によって異なる
時間 10:00〜16:00 料金 800円

耳ヨリ！POINT ☑ 菊の御紋とほら貝

秋に紅葉もいいけれど この障壁画群を見て！

代々皇室より住職を迎えていた由緒がある聖護院には、内陣に100余面もの金碧障壁画が残されています。この障壁画群は狩野派の手によるもの。ザ・狩野派といったきらびやかな画から落ち着いた雰囲気の画まで、とにかく多種多様な障壁画が目白押しです。

宮家出身の住職が来客に対応した「上段の間」

138 時代祭特別御朱印

- 500円
- 期間限定

時代祭の墨書と、「奉祝 平安遷都記念日」の文字や時代行列のスタンプが施された2種類が登場。平安神宮では朝早めから御朱印の授与を行っているので、境内散策＆御朱印ゲットという朝活も！

マストで授かりたい
京の平安の大祭

御朱印DATA

- 時間 7:30〜18:00（季節により変動あり）
- 通年 1種類
- 限定 2種類
- 郵送 不可
- URL http://www.heianjingu.or.jp/index.html

平安神宮 TEL 075-761-0221

㊟京都市左京区岡崎西天王町97 ㊕6:00〜18:00（季節により変動あり） ¥境内自由（神苑600円） ⊗市バス岡崎公園 美術館・平安神宮前から徒歩3分 ㊡無休 Ⓟ市営岡崎公園地下駐車場利用（有料）

※雨天順延、当日判断
※時代祭の有料観覧席あり
（問合わせ：京都市観光協会）

京の歴史を表現！ 歩く風俗絵巻

世の中の平和や発展を守護する平安神宮。10月22日に行われる時代祭は平安遷都1100年を記念して1895（明治28）年に始まりました。約2000人の市民が各時代の衣装を身にまとって歩く「時代風俗行列」が見どころ。明治維新時代から平安京が造営された延暦時代へ、時代を遡ります。

精巧に再現された衣装に注目

耳ヨリ！POINT ☑ 時代行列のスタンプ ☑ 京都三大祭りをコンプリート

10月 由岐神社(ゆきじんじゃ) ◎鞍馬の火祭(くらまのひまつり)

139 鞍馬の火祭限定御朱印(例祭と復刻)

- 1000円
- 期間限定

ゴージャスな金紙の御朱印と松明を抱えた勇敢な男の朱印が特徴の御朱印は2枚セットで。異彩を放つ豪華な御朱印セットは特製クリアファイルに入れていただける。※デザインは変更の可能性あり。

大迫力のお祭り!

勇壮な火祭りの躍動感をそのまま押印

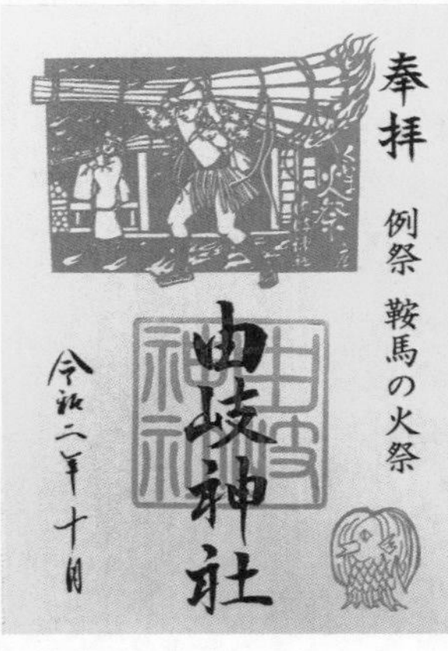

御朱印DATA

- 時間 9:00〜15:00
- 通年 3種類(由岐神社、火祭①、火祭②)
- 限定 1種類
- 郵送 可(HPからメールで申込み)
- URL http://www.yukijinjya.jp/

鞍馬 TEL 075-741-1670

㊟ 京都市左京区鞍馬本町1073 ㊕ 境内自由 ¥ 境内自由 ㊋ 叡山電車鞍馬駅から徒歩10分 ㊡ 無休 Ⓟ なし

火の粉が舞い散る! 大迫力のお祭り

毎年10月22日に開催される奇祭。「サイレヤー、サイリョウ」のかけ声とともに、250本もの燃え盛る松明を携えた大行列が町を練り歩きます。独特な儀式「チョッペンの儀」も見逃せません。ふんどし姿の男が神輿の上で逆立ち足を広げる異様な姿にきっと驚くはず。

ダイナミックに火の粉が舞い散る

耳ヨリ! POINT ☑ 通年御朱印も特製クリアファイルがセット!

〉P.046 P.246

140 長岡京ガラシャ祭限定御朱印

- 1000円
- 期間限定

父親の謀反により幽閉され、過酷な生涯を送ったガラシャ。そんなガラシャを夫である忠興（ただおき）が見守る優しさあふれる御朱印。細やかな絵は、切り絵作家の若奥様の作品がもとになっている。

光秀の娘・ガラシャの美しさを繊細に表現

御朱印DATA

時間 9:00～16:00
通年 3種類 **限定** 10種類ほど
郵送 可（HPからメールで申込み（時期による））
URL https://www.shoryuji-temple.com/

長岡京 TEL 075-951-6906
㊟長岡京市勝竜寺19-25 ㊕境内自由（本堂は非公開） ¥境内自由 ㊋JR長岡京駅から徒歩10分 ㊡無休 Ⓟなし

◎長岡京ガラシャ祭

日程 11月第2日曜日
時間 12:45～

ガラシャの輿入れをみんなでお祝い！

11月第2日曜日に開催される、明智光秀の娘・細川ガラシャの輿入れを再現したお祭り。歴史衣装を身にまとった大行列が市内を練り歩きます。勝龍寺ではお祭りにあわせ、秘仏本尊「木造十一面観音立像（もくぞうじゅういちめんかんのんりゅうぞう）」が特別に公開されます。端整な面持ちが魅力の観音様をぜひ拝顔しましょう。

絢爛豪華な歴史衣装も要チェック

耳ヨリ！POINT ☑ ガラシャと忠興の切り絵デザイン御朱印

金戒光明寺(こんかいこうみょうじ)

P.183

◎秋の特別公開

141 秋の特別公開限定御朱印「釈迦如来」

- 500円〜御志納
- 期間限定

精巧なあしらいが施された朱印がポイントの一体。中央には優しい筆致の「釋迦如来(しゃかにょらい)」が。今一度、お釈迦様が説かれた教えを学んでから授与していただこう。※毎年デザイン変更あり。

慈悲深いお釈迦様のぬくもりを感じる御朱印

御朱印DATA

- 時間 9:00〜16:00
- 通年 5種類
- 限定 1種類
- 郵送 可（写経または写仏をお送りいただいた方のみ）
- URL https://www.kurodani.jp/

新選組ゆかりの地で歴史に思いを馳せる

幕末の会津藩や新選組ゆかりのお寺。11月上旬〜12月上旬頃行われる秋の特別公開では、御影堂、大方丈、山門など見どころ満載です。中でも注目なのは、緑や白砂と、紅葉とのコントラストが目をひく「紫雲の庭」。法然上人の生涯を庭石で表現したという庭を堪能しましょう。

広大な境内の至る所で紅葉

©水野克比古

哲学の道 TEL 075-771-2204

㊟ 京都市左京区黒谷町121 ㊕ 9:00〜16:00 ㊎ 境内自由（秋の特別公開中は紫雲庭園・大方丈1000円、紫雲庭園・大方丈・山門セット1600円※山門のみの拝観は不可） ㊋ 市バス岡崎道から徒歩10分 ㊡ 無休 Ⓟ 30台（黒谷駐車場・有料）

2020年は新型コロナウイルス感染症の影響によりweb予約になります。（問合わせ：京都市観光協会 075-213-1717）

耳ヨリ！POINT ☑ 柔らかな筆使い

11月

東寺（とうじ）

〈教王護国寺（きょうおうごこくじ）〉

P.187
P.238

◎秋期特別公開

142　御朱印（大日如来）

- 300円
- 通年

密教の主尊、大日如来の御朱印。密教において大日如来は宇宙の真理を表す存在で、すべての命あるものは大日如来から生まれたとされる。混雑時は御朱印の枚数制限があるので要注意。

密教の教えをシンプルに表現した一体

日本初の密教寺院やで

御朱印DATA

- 時間　8:30～16:30
- 通年　9種類（弘法大師など）
- 郵送　不可
- URL　https://toji.or.jp/

京都駅周辺　TEL 075-691-3325

㊟京都市南区九条町1　㊕8:00～16:30（最終受付）　¥500円（金堂・講堂拝観）
㊋市バス東寺東門前からすぐ　㊡無休
Ⓟ50台（有料）※毎月21日弘法市の日は利用不可

◎秋期特別公開

詳細はホームページを確認

紅葉に染まる境内で密教世界に浸るひと時

約1200年の歴史を誇る真言宗の総本山。秋の特別公開の内容は年により異なりますが、五重塔初層内部を見られたり、講堂内部で大日如来を中心とする立体曼荼羅をぐるっと一周して見られたりすることも。11月下旬～12月上旬に見頃となる美しい紅葉も必見です。

五重塔に紅葉が映える秋の東寺

耳ヨリ! POINT　☑ 蓮華座の押印が華やか

11月

新善光寺
◎本堂特別公開

P.078

143　秋の新善光寺限定御朱印

- 1000円　- 期間限定

寺宝「長恨歌絵巻」が描かれた一体。「長恨歌」とは、中国唐代の玄宗皇帝と楊貴妃の悲劇的な恋物語を詠った白居易の漢詩のこと。秋らしいモミジとイチョウのモチーフ入り。扱いは書置きのみ。

御朱印DATA

- 時間 9:00〜16:00
- 通年 2種類（阿弥陀如来、愛染明王各300円、月毎のスタンプ付御朱印は各400円）
- 限定 1種類（11月の本堂公開期間中のみ）
- 郵送 不可

京都駅周辺　TEL 075-561-5109

㊟ 京都市東山区泉涌寺山内町31　㊋ 9:00〜16:00（本堂は通常非公開）　¥ 本堂特別公開期間中300円　㊋ 市バス泉涌寺道から徒歩8分　㊡ 無休　Ⓟ なし

秘宝が印字された貴い御朱印

見逃せない本堂特別公開

11月21日〜30日までの土・日曜、祝日に本堂が公開されます（拝観料300円）。境内の池泉式庭園のモミジが色付き心が癒されます。

丈六戒光寺
◎秋の特別公開

144　不動明王特別朱印

- 500円　- 期間限定

足の裏を見せて座す珍しい戒光寺の不動明王の御朱印。2020年は11月14日〜29日の間で授与される。

御朱印DATA

- 時間 9:00〜17:00
- 通年 3種類（本尊丈六釈迦如来など）
- 限定 1種類
- 郵送 不可
- URL http://www.kaikouji.com/

京都駅周辺　TEL 075-561-5209

㊟ 京都市東山区泉涌寺山内町29　㊋ 9:00〜16:30　¥ 境内自由　㊋ 市バス泉涌寺道から徒歩7分　㊡ 無休　Ⓟ なし

不動明王の足形も押印

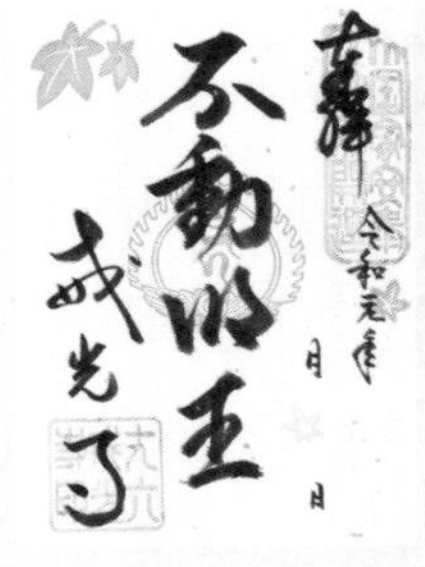

丈六さんを足元から参拝

戒光寺には全高10mに及ぶ木造の「丈六釈迦如来像」、通称丈六さんが安置されています。その足元にまで近寄って参拝できる秋の内陣特別参拝は要チェックです。

耳ヨリ! POINT　☑ モミジの押印が秋らしいアクセント

三千院 ◎もみじまつり

145　紺紙金泥　秘仏金色不動明王朱印

- 500円　- 期間限定

もみじまつりの期間中、御開扉される金色不動堂の本尊「金色不動尊」の御朱印。紺紙に金墨で浄書された文字がきらめいている。

眩い輝きを放つ紺に映える黄金色

御朱印DATA

時間 9:00～17:00(11月は8:30～)
通年 5種類　限定 1種類
郵送 不可
URL http://www.sanzenin.or.jp/

大原　TEL075-744-2531

㊟京都市左京区大原来迎院町540　時9:00～17:00(11月は8:30～)　¥700円　交京都バス大原から徒歩10分　休無休　Pなし

日常の喧騒をはなれ優雅に紅葉を愛でる

池泉回遊式庭園の有清園をはじめとする境内のヤマモミジが朱色に染まる10月28日～11月28日に、恒例のもみじまつりを開催。紅葉×青苔のコントラストが見事！

北野天満宮 ◎史跡御土居のもみじ苑公開

P.010
P.105
P.133
P.180
P.243

146　御土居の紅葉御朱印

- 500円　- 期間限定

紅葉の名所として大変な人気を誇る「御土居の紅葉」の文字が入った特別な一体。御土居とは秀吉が築いた京都市内を囲む土塁のこと。

秀吉公が残した紅葉の名所

頭上も足元も川面まで360度紅葉の世界！

御土居一帯の木々が色づき錦秋の世界に誘われます。紙屋川に架かる鶯橋や特設展望所からの眺めが絶景！ 10月下旬～12月上旬に公開されます。

約350本の紅葉で真っ赤に

耳ヨリ！POINT　☑ 紅葉の名所の証

ライトアップもあるで

二尊院（にそんいん）

◎紅葉

P.169

147　秋季特別御朱印

- 500円　- 期間限定

紅葉の名所ならではの、赤く色づく紅葉が目に鮮やかな秋限定御朱印。同時期限定授与の九頭竜弁財天（くずりゅうべんざいてん）の御朱印も見逃せない。

御朱印DATA

時間 9:00〜16:30
通年 4種類（本尊二尊など）
限定 12種類（毎月1種類）
郵送 可（HPからメール・インスタグラムで申込み）
URL https://nisonin.jp/

嵯峨野　TEL 075-861-0687

㊟京都市右京区嵯峨二尊院門前長神町27　㊓9:00〜16:30（最終受付）　¥500円　㊫市バス嵯峨釈迦堂前から徒歩10分　㊡無休　Ⓟ10台

朱に染まった境内が美しい

小倉山を背景に見る鮮やかな紅葉

小倉山麓に佇む二尊院は、二尊の如来を祀る寺院です。総門の先に延びる参道は紅葉の名所！赤や黄色の紅葉のトンネルを石段の上から見渡すのがおすすめです。

東福寺（とうふくじ）

◎紅葉

148　紅葉の限定御朱印

- 500円　- 期間限定

東福寺の秋といえば葉先が3つに分かれた三葉楓。その三葉楓が押印された、紅葉の時期限定御朱印。

御朱印DATA

時間 9:00〜16:00
通年 2種類（手書きのもの、スタンプのもの）
限定 1種類　郵送 不可
URL http://www.tofukuji.jp/

京都駅周辺　TEL 075-561-0087

㊟京都市東山区本町15丁目778　㊓9:00〜16:00（11〜12月第1日曜は8:30〜、12月第1日曜〜3月末日は〜15:30）　¥本坊庭園500円、通天橋600円 ※11月10日〜30日は1000円　㊫JRまたは京阪東福寺駅から徒歩10分　㊡無休　Ⓟ30台

一部不可

三葉柄の押印がキュート

京の秋最後の紅葉？黄金色の三葉楓

黄金色に色づく珍しさから「洛陽の奇観」と呼ばれる東福寺の楓。イチオシは通天橋から見る紅葉です。鮮やかな楓が川の両岸にずら～っと続く姿が楽しめます！

耳ヨリ！POINT ☑ 美しい藤の押印は東福寺の寺紋

149 小野篁卿御命日墨書朱印 -閻魔大王・小野篁卿

- 1000円
- 期間限定

六道珍皇寺の様々な期間限定御朱印の中でもトップクラスにレアな1日限定の御朱印。現世の私たちを冥界の彼方より見つめているかのような閻魔大王と小野篁卿の姿に、背筋がピンと伸びる！

閻魔大王と小野篁卿の特別シルエット朱印

◎小野篁卿縁日

日程 12月20日

時間 8:00～

小野篁卿の命日に法要が行われる。小野篁卿とは平安初期の官僚で、「閻魔庁の役人」との異名が残る人物。

あの世に通ずる!? 異彩を放つお寺

臨済宗建仁寺派である六道珍皇寺は、かつて鳥辺野と呼ばれる葬送地の入り口に位置していたことから、あの世とこの世の境「六道の辻」と考えられていました。本堂裏には小野篁卿が冥府へ行くのに使用したという「冥途通いの井戸」「黄泉がえりの井戸」が残っています。

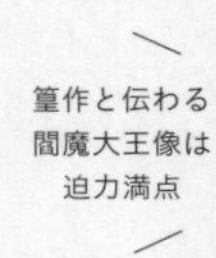

篁作と伝わる閻魔大王像は迫力満点

耳ヨリ! POINT ☑ 1日限定超レア御朱印

知恩院

◎除夜の鐘

150　通常御朱印（浄土宗宗祖「法然上人」）

- 300円　- 通年

知恩院の御朱印は法然上人、御詠歌、勢至菩薩の計3種類。法然上人は知恩院の宗祖であり、御影堂に祀る本尊でもある。

柔らかく、しなやかな墨文字がいい！

御朱印DATA

時間 9:00〜16:00
通年 3種類
限定 国宝御影堂落慶法要参拝記念「法爾大師」の御朱印 ※なくなり次第終了
郵送 不可
URL https://www.chion-in.or.jp/

祇園　TEL 075-531-2111

㊟ 京都市東山区林下町400　㊚ 9:00〜16:00　¥ 境内自由（方丈庭園、友禅苑の共通券は500円）　㊂ 市バス知恩院前から徒歩5分　㊡ 無休　Ⓟ なし

一部不可　※2020年の「除夜の鐘」は感染症拡大防止のため一般の参詣者の方は境内に入れません。

17人がかり！大迫力の鐘撞

「えーいひとつ。そーれ」のかけ声で僧侶17人が力を合わせてつく除夜の鐘。鐘の大きさにも驚きますが、名刹に響く凄みのある鐘音には自然と畏怖の念を覚えます。

八坂神社

◎をけら詣り

P.101
P.124
P.127
P.178
P.235

151　恵方朱印

- 500円　- 期間限定

黄金に輝く御祭神は、方位を司る暦の神としても信仰される。毎年御祭神のいる方角に向かって祈ると願いが叶うといわれる。

輝かしい恵方の神に来年の願いを込めて

御神火を火縄に移し、くるくると回しながらお詣りする大晦日の風物詩。火縄は持ち帰って台所に祀ると、無病息災で過ごせるといわれます。

伝統的な京の大晦日を♪

恵方と御祭神が刻まれてご利益UP間違いなし

耳ヨリ！POINT　☑ 来年の方角を記す御朱印

初詣で御朱印集め！

伏見五福めぐり

名水と酒蔵の街として知られる伏見。1月1日～15日は初詣を兼ねて「伏見五福めぐり」で新年をお祝いしましょう。

干支が福を運ぶ！

長建寺 ℡075-611-1039

㊟京都市伏見区東柳町511 ㊋9:00～16:00 ¥境内自由 ㊦京阪中書島駅から徒歩3分 ㊡無休 Ⓟ4台

御香宮神社 ＞P.94,247

乃木神社 ＞P.74

大黒寺 ℡075-611-2558

㊟京都市伏見区鷹匠町4 ㊋9:00～16:30 ¥境内自由 ㊦京阪丹波橋駅から徒歩10分 ㊡無休 Ⓟ2台

藤森神社 ＞P.120,178,243

かわいい干支が新年の福を招く！

伏見を代表する五社を参拝する「伏見五福めぐり」。専用色紙に記念の御朱印を授与していただきます。色紙はその年の干支が愛らしく描かれた特別なデザイン。すべての御朱印を集めたら記念品「干支の土鈴」の授与も（先着二千名）。

御朱印DATA

日程 伏見五福めぐり期間中（1月1日～15日）
時間 社寺により異なる
料金 1000円（色紙初穂料）、300円（朱印料）
休み 期間中なし

問合わせ：洛南保勝会
℡ 075-611-0559

4)

ビギナーも安心

めぐり旅

CHAPTER 4： TOUR TRIP

ROUTE 1

王道観光ルート　清水寺周辺

世界中から大勢の参拝者が押し寄せる一大観光地

観光都市京都の中で最も人気が高い清水寺周辺。清水寺からほど近い産寧坂、二年坂は土産物を扱うお店が立ち並び、賑わう通りから路地に入ると八坂庚申堂があります。ねねの道には秀吉とねねゆかりの高台寺と圓徳院。六波羅蜜寺で国宝や重文の仏像を拝観し、安井金比羅宮では縁切り縁結びを。少々離れていても見どころたっぷりな大寺院・建仁寺と南禅寺は、ぜひとも訪れたいお寺。どこへ行っても楽しめる、満足度の高いエリアです。

START

A 清水寺（きよみずでら）　所要1時間
産寧坂から八坂の塔を目指す

徒歩10分

B 八坂庚申堂（金剛寺）（やさかこうしんどう（こんごうじ））　所要15分
山門を直進、ねねの道へ

徒歩5分

C 高台寺（こうだいじ）　所要45分
高台寺・圓徳院共通割引拝観券がお得。900円

徒歩すぐ

D 圓徳院（えんとくいん）　所要30分

徒歩15分

ねねの道を歩いてGO♪

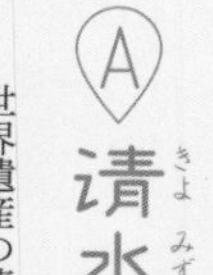

清水寺（きよみずでら）

世界遺産の清水寺は、古くから「清水の観音様」と人々から慕われる本尊・十一面千手観世音菩薩が祀られ、清水の舞台や音羽の滝などが有名です。本堂は檜皮屋根葺き替えと舞台板交換の工事が完了したばかりです。

ココで一服

清水寺の境内にある忠僕茶屋（ちゅうぼくちゃや）のわらび餅500円。南苑の池のほとりで甘味に癒されよう。

これぞ王道！清水寺の御朱印

152
御朱印（大悲閣）

- 300円　- 通年

大悲閣とは、観音菩薩を祀るところを意味する。清水寺の本尊は十一面千手観世音菩薩で、33年に1度しか開帳されない秘仏。この御朱印は本堂を出てすぐの授与所で書かれ、阿弥陀堂、音羽の滝前の授与所では、異なる御朱印が授与されている。

御朱印DATA

- 時間　8:00～17:30頃
- 通年　8種類
- 限定　成就院1種（成就院庭園特別拝観時のみ）
- 郵送　不可
- URL　https://www.kiyomizudera.or.jp/

清水寺　TEL 075-551-1234

㊟ 京都市東山区清水1丁目294　㊕ 6:00～18:00（季節により変動あり、夜間特別拝観期間中は～21:00受付終了）　¥ 400円　㊦ 市バス清水道から徒歩10分　㊡ 無休　Ⓟ なし

E 六波羅蜜寺（ろくはらみつじ）　所要30分

東大路通りに面して安井金比羅宮の鳥居が立つ

徒歩10分

F 安井金比羅宮（やすいこんぴらぐう）　所要20分

北の鳥居をすぐ左、土塀に沿って直進する

徒歩5分

G 建仁寺（けんにんじ）　所要1時間

徒歩10分、市バス祇園から東天王町下車、徒歩11分

花街情緒のある花見小路

H 南禅寺（なんぜんじ）　所要1時間

GOAL

TOTAL 6時間45分

清水寺周辺 TEL 075-541-2565

㊟ 京都市東山区金園町390 ㊡ 9:00〜17:00 ¥ 境内自由 ㊫ 市バス東山安井から徒歩6分 ㊡ 無休 Ⓟ なし

一部不可

Ⓑ 八坂庚申堂（金剛寺）

本尊の青面金剛は、庚申日に人間の体から出てきて天帝に悪行を告げ口する虫を食べてくれるそう。手足を縛られたくくり猿は、悪さをしようとする心を封じるためのお守りでもあるので、虫が天帝に告げ口することが無くなるようにと、願を掛けましょう。

墨書の形がくくり猿に似てる？

153
御朱印（庚申尊）

- 300円 - 通常

「映える」と人気なのが、境内に沢山吊られているコロンとした「くくり猿」という願掛けのサル。境内を華やかに彩っている。

御朱印DATA

時間 9:00〜17:00

通年 1種類 限定 なし

郵送 不可

Ⓒ 高台寺

P.132
P.222

豊臣秀吉の正室の北政所・ねねが、秀吉の霊を弔うために建てたお寺。創建当時の建物と伝わる開山堂の天井は、秀吉の御舟やねねの御所車が部材に使われ、ねねの墓所・霊屋では、桃山文化の豪華な高台寺蒔絵が見られます。

大きな慈悲の心に触れたい

154
御朱印（佛心）

- 300円 - 通年

佛心とは禅宗で仏の悟りを表す、何よりも大切な言葉。高台寺では入り口に授与所があり一方通行なので、御朱印は参拝前にいただこう。

D

圓徳院（えんとくいん）

P.210

寧々が晩年を過ごした地と伝わる圓徳院には、寧々を慕って多くの大名や文化人が訪れたそうです。世の中を案じ人々を思いやり、多くの人から慕われた寧々が現代の情勢を見たら、心から願うことは「安寧」かもしれません。

安寧の祈りが込められたお札

ココで一服

2020年7月から、北庭で茶寮都路里特製のお菓子とお抹茶をいただけるように。一服1000円（木曜以外の平日11～16時）。

155
御朱印札（安寧）

- 300円　- 通常

こちらの御朱印は、仏様に祈願されているので御朱印札という。世の中の平穏と心安らかに過ごせるようにと祈られた、ありがたいお札。

E

六波羅蜜寺（ろくはらみつじ）

P.238

六波羅蜜寺を創建した空也上人（くうやしょうにん）が、平安時代中期に都で流行った疫病退散を願って彫ったという、国宝・十一面観音立像を本尊としています。平家とのゆかりも深く文化財指定の像も多く伝わっていて、伝・平清盛像や空也上人立像などは宝物館で拝観できます。

梵字が表現する十一面観音様

清水寺周辺　TEL 075-561-6980

㊟ 京都市五条通大和大路上ル東　㊕ 8:00～17:00　¥ 境内自由（600円宝物館）　㊫ 市バス清水道から徒歩7分　㊡ 無休　Ⓟ なし

156
西国三十三所 御宝印（六波羅堂）

- 300円　- 通常

御宝印とは、経典に書かれている梵字の一字を真ん中に押す朱色の印。六波羅蜜寺の御宝印は「キャ」と読み、本尊・十一面観音菩薩のこと。

御朱印DATA

時間 8:00～17:00　通年 4種類

限定 2種類　郵送 不可

URL https://www.rokuhara.or.jp

安井金比羅宮
P.197

平安時代末期創建と伝わる神社。主祭神として祀られる崇徳天皇は、讃岐の金刀比羅宮で邪念や欲を断ち切って祈願しました。そのことから人間関係に限らず、幸せの妨げとなるすべての悪縁を絶ち良縁を結ぶというご利益で有名です。

悪縁切れたら幸せ来るよ！

縁切り縁結び碑。いつも祈願する人が長い列を作っている

157
御朱印（安井金比羅宮）

- 300円　- 通年

墨書は安井金比羅宮。金と書かれた帆を上げ、人々に財宝や幸せをもたらす宝船の朱印が押される。縁起が良さそうな御朱印。

建仁寺
P.240

風神雷神図屏風（展示は複製）、法堂の双龍図、栄西禅師が中国からお茶の種を持ち帰ったことからお茶発祥の地といわれるようになるなど、有名な宝物やいわれが山ほどある建仁寺。建仁寺の法堂の名の墨書は、その名の意味にも興味が湧いてきます。

墨書の意味も知っておきたい

祇園　TEL 075-561-6363

㊟ 京都市東山区大和大路四条下ル小松町　㊕ 10:00〜16:30　¥ 境内自由（本坊拝観600円）　㊋ 京阪祇園四条駅から徒歩7分　㊡ 4月19日・20日・6月4日・5日　他　Ⓟ 39台（有料）

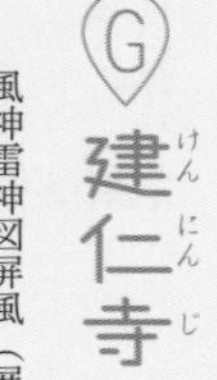

158
御朱印（拈華堂）

- 300円　- 通年

拈華堂とは、建仁寺の法堂の別名で、「拈華微笑」という禅宗の伝説がもとになっている。以心伝心、心から心へと伝えることを意味する。

御朱印DATA

時間 10:00〜16:30　通年 1種類
限定 なし　郵送 不可
URL https://www.kenninji.jp

ココで一服

祇をん萬屋

ランチにはねぎうどん1400円を。たっぷりの九条ネギとダシ、ショウガの風味が豊かな、京風うどんの代表格！

TEL 075-551-3409 ㊟ 京都市東山区花見小路四条下ル二筋目西入ル小松町555-1 ㊙12:00～15:00、17:30～19:00（日曜、祝日は～16:00） ㊡ 不定休

ぎおん徳屋

花見小路で行列が絶えず、舞妓さんも足しげく通う京甘味店。とろけるような本わらびもち1250円で、至福のひと時を。

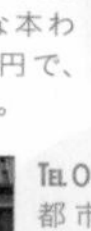

TEL 075-561-5554 ㊟ 京都市東山区祇園町南側570-127 ㊙12:00～18:00 ㊡ 不定休

格式の高い寺は御朱印も別格！

Ⓗ 南禅寺

P.241

159
御朱印（金剛王宝殿）

- 300円　- 期間限定

墨書は金剛王宝殿、中央に三宝印が押される。金剛王宝殿とは本尊・釈迦如来を祀る仏殿の名前。現在本尊は、法堂に安置されている。

御朱印DATA

時間 8:00～17:00　通年 4種類

限定 2種類　郵送 不可

URL https://www.nanzen.net

南禅寺は室町時代に京都五山の別格、五山之上とされ、格式の高い古刹。本尊を祀る法堂は天井に蟠龍図が描かれ、国宝の方丈には群虎図など狩野派絵師が手がけた多くの障壁画があります。御朱印は書置きのみですが、御朱印帳を買うと直書きされています。

南禅寺 TEL 075-771-0365

㊟ 京都市左京区南禅寺福地町86　㊙ 8:40～16:40（12月1日～2月28日は～16:10）

㊎ 境内自由（方丈庭園600円、三門600円）

㊂ 地下鉄蹴上駅から徒歩10分　㊡ 無休

Ⓟ 12台（有料）

琵琶湖疏水が流れる水路閣は独特の趣を醸し出す、絶好の撮影場所

ROUTE 2

王道観光ルート　嵐山

GOSHUIN MEGURITABI
TENRYUUJI → SEIRYOUJI
Arashiyama area

清滝
古い街並みが続く鳥居本
旧嵯峨御所 大本山 大覚寺
清凉寺の本堂
\GOAL/
広沢池
G あだし野念仏寺
E 證安院
F 祇王寺
H 清凉寺
かみ舎楽
D 二尊院
落柿舎
竹林が広がる
新丸太町通
亀岡駅
C 常寂光寺
小倉池
御髪神社
野宮神社
嵯峨嵐山駅
トロッコ嵯峨駅
B
JR 嵯峨野線
嵯峨野観光鉄道
嵐電嵯峨駅
天龍寺
人力車にも乗ってみて！
A
トロッコ嵐山駅
嵐山公園
/START\
嵐山駅
三条通
渡月橋
桂川
200m
徒歩約5分
阪急嵐山駅

渡月橋や竹林の道を愛でつつ御朱印とご利益をゲット

平安時代からすでに別荘地として人気だった嵐山は、山麓に名刹が点在し、渡月橋や竹林、古民家などの風情が人気のヒミツ。特に紅葉が色づく秋は、「ここはいったい、どこの都市？」と思うほど景色とお寺めぐりを楽しむ人で賑わいます。世界遺産の天龍寺、祇王寺、二尊院、常寂光寺は言わずと知れた紅葉の名所。珍しいご利益がある御髪神社、国宝の仏像に会える清凉寺、御朱印が素敵と注目される證安院など、話題に事欠かないスポットが目白押しです！

START

A 天龍寺（てんりゅうじ）　所要1時間

徒歩6分　天龍寺の北門から竹林の道を通って

B 御髪神社（みかみじんじゃ）　所要10分

徒歩4分　小倉池の横を歩いて

C 常寂光寺（じょうじゃっこうじ）　所要30分

徒歩4分　落柿舎を眺めながら嵯峨野散策

D 二尊院（にそんいん）　所要30分

徒歩15分　鳥居本方面へ　證安院の白塀が目印

Ⓐ 天龍寺（てんりゅうじ）

世界遺産・天龍寺は、開山の夢窓疎石（むそうそせき）が自ら作庭した国の史跡・特別名勝第一号の曹源池庭園（そうげんちていえん）があることでも有名。大方丈に安置される本尊・釈迦如来坐像は、何度も戦火をくぐり抜けてきた平安時代後期の像。墨書が意味するお釈迦様はこの方です。

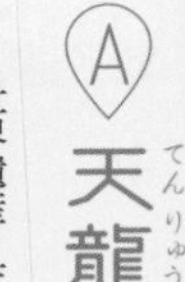

ココで一服

精進料理 篩月（しょうじんりょうり しげつ）

天龍寺の境内にある精進料理店。四季折々の庭園美を眺めながら、ヘルシーで奥深いランチを味わおう。雪（一汁五菜）3300円。

TEL 075-882-9725 ㊟ 京都市右京区嵯峨天龍寺芒ノ馬場町68 ㊙11:00～14:00 ㊡ 無休

嵐山 TEL 075-881-1235

㊟ 京都市右京区嵯峨天龍寺芒ノ馬場町68 ㊙ 8:30～17:30（10月21日～3月20日は～17:00） ¥ 庭園500円、諸堂参拝300円の追加、法堂別途500円 ㊋ 嵐電嵐山駅からすぐ ㊡ 無休（法堂は土・日曜、祝日と春夏秋の期間限定公開） Ⓟ 120台（有料）

重要文化財の本尊を拝みたい！

160

御朱印（覚王寶殿）（かくおうほうでん）

- 300円 - 通年

墨書は覚王寶殿。三宝印と寺印、右上の押印は山号で霊亀山（れいきさん）。覚王寶殿とは、本尊の釈迦如来が安置される天龍寺のお堂をいう。現在御朱印は、書置きでのみ授与される。

御朱印DATA

時間	8:30～16:30
通年	1種類（2020年現在書置きのみ）
限定	なし
郵送	不可
URL	http://www.tenryuji.com

Ⓔ 證安院（しょうあんいん） 所要15分

徒歩10分

Ⓕ 祇王寺（ぎおうじ） 所要30分

祇王寺への道しるべ

徒歩15分

Ⓖ あだし野念仏寺（あだしののねんぶつじ） 所要30分

風情ある鳥居本の街並みも見どころ

徒歩15分

Ⓗ 清凉寺（せいりょうじ） 所要1時間

清凉寺の仁王門

GOAL

TOTAL 5時間40分

B 御髪神社（みかみじんじゃ）

八百万（やおよろず）の神という表現がある日本の神々の中でも、御祭神・藤原采女亮政之（うねめのすけまさゆき）は髪結い職の起源とされた人。日本唯一の髪の神社には、美髪を願う人や美容理容業関係者がひっきりなしに訪れます。悩んでいる人は、髪を一筋切って髪塚に納めてみてはいかがでしょう。

女性も男性も髪って大切！

嵯峨野 TEL 075-882-9771

㊟ 京都市右京区嵯峨小倉山田淵山町10 ㊕ 境内自由 ¥ 境内自由 ㊇ 嵐電嵐山駅から徒歩10分 ㊡ 不定休 Ⓟ なし

161

御朱印（御髪神社）

- 300円 - 通年

菊の花の中央の「髪」が装飾的な印と、京都嵯峨御髪神社と彫られた神社の印。右上の下がり藤の印は藤原氏の紋で、御祭神に由来する。

御朱印DATA

時間 10:00～15:00
通年 1種類 **限定** なし
郵送 不可

紅葉の名所の紅葉の御首題

162

御首題（常寂光寺）

- 300円 - 通年

南無妙法蓮華経の御題目が書かれる。紅葉をかたどった印が奥ゆかしい。珍しい茅葺屋根の仁王門が、紅葉に包まれる景色は必見。

御朱印DATA

時間 9:00～16:30 **通年** 1種類
限定 不定期 **郵送** 不可
URL https://www.jojakko-ji.or.jp/

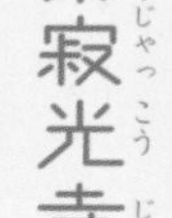

常寂光寺（じょうじゃっこうじ）

常寂光寺には塀がありません。自然と一体になり、そこにお堂があるという風情が素敵です。境内には平安時代の歌仙・藤原定家が庵を結んだと伝わる時雨亭跡と歌仙祠があります。多宝塔からの眺めは紅葉も美しく、市街を一望できる気持ちの良い景色です。

嵯峨野 TEL 075-861-0435

㊟ 京都市右京区嵯峨小倉山小倉町 ㊕ 9:00～16:30 ¥ 500円 ㊇ 嵐電嵐山駅から徒歩20分 ㊡ 無休 Ⓟ 5台

かみ舎楽（しゃらく） \ココで一服/

2019年に登場した七味や香り塩の薬味専門店。ぶどう山椒の風味豊かな特製山椒ソフトクリーム594円はクセになる味わい。

TEL 075-881-1500 ㊟京都市右京区嵯峨小倉山堂ノ前町1 ㊰10:00～17:30 ㊡水曜

御朱印は重要な情報源

D 二尊院（にそんいん）

P.155

紅葉の馬場を上がり勅使門をくぐると、本尊が安置される本堂が現れます。嵯峨天皇の勅願で建立された二尊院は、本堂中央の右に釈迦如来と左に阿弥陀如来の二尊を祀ります。本堂側から勅使門越しに紅葉を見ると、まるで額装された絵画のようです。

境内はかなり広いで

163
御朱印（本尊二尊）

- 300円 - 通年

本尊二尊と墨書される二尊院の御朱印。釈迦如来と阿弥陀如来の二尊を本尊として安置するので、二尊院と称する。

E 證安院（しょうあんいん）

P.022
P.245

小倉山の麓、奥嵯峨の入り口にあり、阿弥陀三尊を本尊に祀る紫雲山という山号も素敵なお寺。本堂に上がり本尊を拝んでから、気に入った御朱印を選んで授与していただくスタイル。季節や行事ごとに新しい御朱印が描かれますが、いずれも書置きのみになります。

164
舞妓さんと紅葉 色なき風

- 1000円 - 期間限定

舞妓さんが紅葉を見上げる姿が、情緒豊かに描かれる。すべて手描きなので、舞妓さんの顔も一体ずつ微妙に異なる。令和２年の秋も授与。

季語も景色の一部になる

ボクも描いてほしいな～

Ⓕ 祇王寺（ぎおうじ）

平安時代の白拍子・祇王が眠る祇王寺。木々の根元を埋める苔の緑が美しく、四季折々の素晴らしい風情も有名です。特に秋は苔と紅葉が織りなす色のコントラストが絶妙で、感動する美しさ。四季の光景が小さな紙に表現された季節の御朱印は、宝物になるでしょう。

季節の美庭を紙に閉じ込めて

166

季節の御朱印

- 300円　- 数量限定　**（授与は終了）**

季節朱印は、春夏秋冬の季節に数量限定で授与される。それぞれの季節をモチーフとした、さまざまな絵柄が特徴。

季節の御朱印と並べて貼りたい

165

御朱印（大日如来）

- 300円　- 通年

通年授与される御朱印は、オーソドックスなもの。勢いよく書かれた力強い墨書は、本尊の大日如来。シンプルで凛とした御朱印は、清々しさを感じる。

御朱印DATA

時間 9:00～16:30　**通年** 1種類
限定 季節ごと（SNSで授与開始・終了は告知）
郵送 不可
URL https://www.giouji.or.jp/

嵯峨　TEL 075-861-3574

㊟ 京都市右京区嵯峨鳥居本小坂町32　㊕ 9:00～16:30　¥ 300円　㊋ 嵐電嵐山駅から徒歩25分　㊡ 無休　Ⓟ なし

Ⓖ あだし野念仏寺

無縁仏を弔う 心優しくなれる寺

寺の辺り一帯は、昔、化野という風葬地でした。朽ちてゆく多くの亡骸を埋葬し弔ったのが、あだし野念仏寺。境内の西院の河原には、今も約八千体の石仏や石塔が祀られています。無縁仏が成仏しますようにと手を合わせればきっと喜んでくれるでしょう。

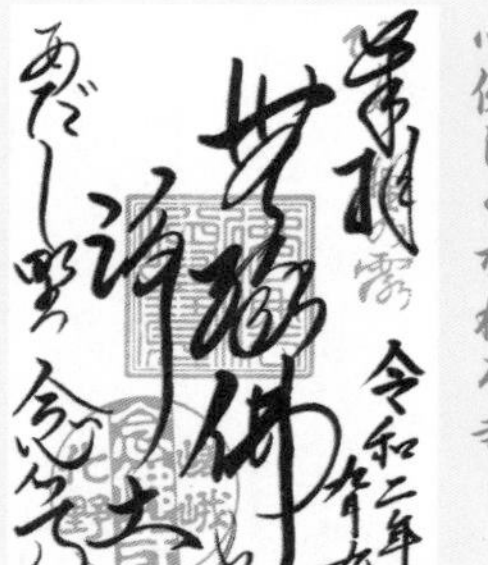

嵯峨野 TEL 075-861-2221

㊟ 京都市右京区嵯峨鳥居本化野町17 ㊣ 9:00～16:30 ¥ 500円 ㊛ 嵐電嵐山駅から徒歩30分 ㊡ 無休 Ⓟ なし

一部不可

167
御朱印（無縁佛の浄土）

- 300円 - 通年

流れるような筆致の墨書は、無縁佛の浄土と書かれている。右上の朱印は、あだし野の露、中央の四角い印は三宝印、左下は寺名の押印。

御朱印DATA

時間 9:00～16:30 通年 1種類

限定 8月の千灯供養 郵送 不可

URL http://www.nenbutsuji.jp/

Ⓗ 清凉寺

まるで本尊の履歴書みたい！

国宝になっている清凉寺の本尊・赤栴檀の釈迦如来は、「インドで毘首羯摩天が作り、インドから中国へ、海を渡って日本へと三つの国に伝来した赤い栴檀という木でできたありがたい像です」と朱印に刻まれています。さぁ、清凉寺へ会いに行きましょう！

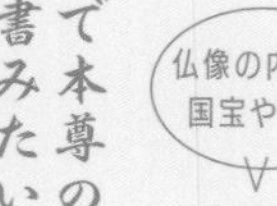

嵯峨野 TEL 075-861-0343

㊟ 京都市右京区嵯峨釈迦堂藤ノ木町46 ㊣ 9:00～16:00 ¥ 400円 ㊛ 嵐電嵐山駅から徒歩25分 ㊡ 無休 Ⓟ 40台（有料）

168
御朱印（国宝 釈迦如来）

- 300円 - 通年

墨書は、国宝 釈迦如来。毘首羯摩天正作三國傳来栴檀瑞像、御宝印、五臺山清凉寺の押印。右上の印には、本尊の由来が刻まれている。

御朱印DATA

時間 9:00～16:00

通年 2種類（通常、十三仏）

限定 なし 郵送 不可

URL http://seiryoji.or.jp

嵐山

ROUTE 3

あれこれお願い！ご利益三昧コース

GOSHUIN MEGURITABI
KURAMADERA → FUSHIMIINARITAISYA
Goriyaku course

ご利益社寺でフォトジェニックな絶景＆御朱印に出会う！

鞍馬から貴船では、大自然が残る山で空と水と大地からエネルギーチャージ。糺の森を神域とする下鴨神社では多くの神様とつながって。伏見稲荷大社ではお山を歩きご利益めぐりを楽しんで！

鞍馬寺から見える絶景！

貴船神社御神水

奥宮
貴船神社
鞍馬寺
START
鞍馬駅
叡山電車
貴船口駅
1km
下鴨神社
河合神社
叡山電車
出町柳駅
出町柳駅
鴨川
京阪電車
京都御苑
JR東海道本線
京都駅
東海道新幹線
東福寺駅
JR奈良線
京阪電車
稲荷駅
GOAL
伏見稲荷駅
伏見稲荷大社

上／牛若丸が鞍馬天狗と修業したと伝わる、鞍馬山の木の根道　中／糺の森にある馬場は、地元の人の憩いの場でもある　下／伏見稲荷大社の千本鳥居は、迷宮のようなイメージ！

START

A 鞍馬寺（くらまでら）……所要30分
神秘的な木の根道を歩こう

徒歩120分

B 貴船神社（きふねじんじゃ）……所要45分
徒歩25分、叡電貴船口駅から出町柳駅下車、徒歩15分

C 下鴨神社（しもがもじんじゃ）……所要45分
河合神社は下鴨神社の境内、糺の森の中にある

徒歩5分

D 河合神社（かわいじんじゃ）……所要20分
徒歩10分、京阪出町柳駅から伏見稲荷駅下車、徒歩5分

E 伏見稲荷大社（ふしみいなりたいしゃ）……所要2時間

GOAL

TOTAL 8時間10分

鞍馬寺（くらまでら）

鞍馬寺の本尊・尊天（そんてん）とは、この世に存在するすべてを、そうあらしめている宇宙生命・宇宙エネルギーで、あらゆる神仏・森羅万象の姿となる宇宙の大霊。スケールの大きな尊天と、ご縁を結びに行きましょう！自然を感じながら山を歩けば、元気になれそうです。

尊天の偉大さが伝わってくる

金堂前にある金剛床は、パワスポとして密かな人気

根っこがウネウネ！これもエネルギーのなせる業？

鞍馬　TEL 075-741-2003

㊟ 京都市左京区鞍馬本町1074　㊖ 9:00～16:15　¥ 300円（霊宝殿200円）　㊋ 叡電鞍馬駅から5分で仁王門　㊡ 無休　Ⓟ なし

169
御朱印（尊天）

- 300円　- 通年

大きな墨書に、大きな朱印が力強い印象の御朱印。墨書は尊天。中央上は「千手観世音菩薩、毘沙門天王、護法魔王尊」と刻まれた印。

御朱印DATA

時間 9:00～16:15　通年 3種類

限定 なし　郵送 可

URL https://www.kuramadera.or.jp

貴船神社（きふねじんじゃ）

P.128
P.246

水は命を生み出し、命を育むために必要なもの。貴船神社の御祭神は高龗神（たかおかみのかみ）という水を司る神様で、龗の字は龍を表すとも。貴船は古来「氣生根（きふね）」と書かれ、氣が生まれる地として知られています。運気龍昇の絶大な力は、パワースポットの名にふさわしい！

貴船神社の本宮表参道の石段。両脇の春日燈籠が灯ると、幽玄な雰囲気に様変わり

水の神様が祀られる神社

170
通常御朱印

- 300円　- 通年

奥宮は、本宮から北へ800mほど上った所にあり、奥宮の場所が貴船神社創建の地。奥宮には闇龗神（くらおかみのかみ）と玉依姫命（たまよりひめのみこと）が祀られたと伝わる。

C 下鴨神社（しもがもじんじゃ）

P.116
P.130

原生林が残る糺の森に抱かれた、世界遺産の一つ下鴨神社。沢山の摂社・末社があり、多くの神々が祀られています。西本殿の賀茂建角身命は厄除け開運、東本殿の玉依媛命は安産子育て、相生社は縁結び、御手洗社は災難厄除けなど、ご利益も多種多様です。

皇族貴族、庶民も信仰した神社

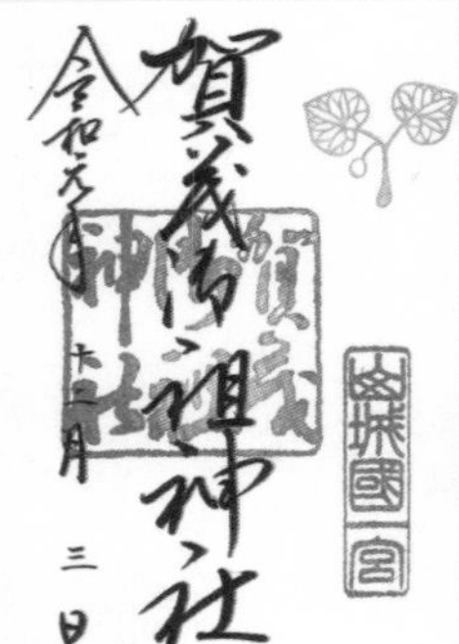

171
御朱印（賀茂御祖神社）

- 500円　- 通年

墨書の賀茂御祖神社とは、下鴨神社の正式名称。緑の印は下鴨神社の神紋・二葉葵で、大炊殿の葵の庭で見ることができる。

マイナスイオンに満ちた、木漏れ日が降り注ぐ糺の森の参道

ズラリと並んだ鏡絵馬。描く人の個性が出るかも？

＼ココで一服／
さるや

下鴨神社の境内にある休憩処「さるや」の由緒ある名物・申餅（さるもち）。豆まめ茶とセットで760円。

D 河合神社（かわいじんじゃ）

P.202

下鴨神社の第一摂社・河合神社は、御祭神の玉依媛命が、玉のように美しかったことから美麗の神と信じられ、あやかりたいと願う人が訪れます。手鏡の形をした鏡絵馬は、自分の化粧道具を使って絵馬の顔をメイクアップ。上手に描けなくても奉納してね！

美しく麗しい日本の母！

172
御朱印（河合大明神）

- 500円　- 通年

河合大明神とは、御祭神の玉依媛命。下鴨神社の東本殿に祀られる神様と同じ。美麗の神は、神武天皇の御母神でもあるそう。

お山をめぐれば気分も清心に！

E 伏見稲荷大社（ふしみいなりたいしゃ）

P.213

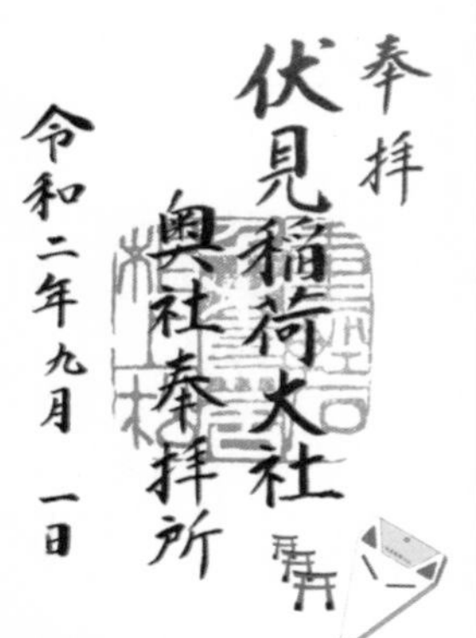

173
御朱印（奥社奉拝所）

- 300円　- 通年

奥社奉拝所は、千本鳥居を抜けた先にある。稲荷山を遥拝するための社で、奥の院ともいう。御朱印は奥社奉拝所で授与され書置きのみ。

※2020年11月現在は書置きのみの扱い（絵の印字あり）
※手書きの場合、筆致など見た目が変わります

奥社奉拝所の拝殿。お山に向かって拝もう

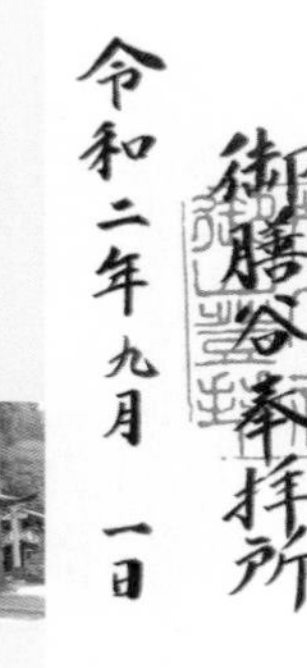

御膳谷奉拝所。休憩も取って

174
御朱印（御膳谷奉拝所（ごぜんだにほうはいじょ））

- 300円　- 通年

参拝ではなく登拝と書かれる、御膳谷奉拝所の御朱印。本殿から約50分歩いた山の中の、御膳谷奉拝所にていただける。

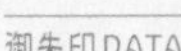

御朱印DATA

時間　本殿横授与所8:30～16:30、奥社奉拝所・御膳谷奉拝所9:00～15:30 ※土日は変動の可能性あり

通年　3種類（伏見稲荷大社、奥社奉拝所、御膳谷奉拝所）

郵送　不可　URL　http://inari.jp/

ご利益

全国に三万社もあるという、稲荷神社の総本宮。本殿に祀られる御祭神・宇迦之御魂大神（うかのみたまのおおかみ）が、本殿後方の稲荷山に鎮座したことから稲荷信仰は始まりました。五穀豊穣、商売繁昌、家内安全、諸願成就にご利益ありと伝わり、お山には参道がめぐらされ、様々な社が点在しています。

＼ココで一服／

稲荷茶寮（いなりさりょう）

締めくくりは、休憩所「啼鳥菴（ていちょうあん）」内の日本茶カフェへ。鳥居がキュートな抹茶パフェ1300円。

TEL 075-286-3631　㊋10:00～15:30（平日は11:00～）　㊡水曜（祝日の場合は営業）

ファン憧れの刀剣聖地コース

GOSHUIN MEGURITABI
CHOUENJI → DAIKAKUJI
Toukenseichi course

GOAL
G 旧嵯峨御所 大本山 大覚寺
E 建勲神社
F 北野天満宮
D 粟田神社
C 八坂神社
B 藤森神社
A 長円寺
START
嵐電
嵐山駅
白梅町駅
北野
栗餅所・澤屋
四条大宮駅
北大路駅
地下鉄烏丸線
烏丸御池駅
四条駅
祇園
東山駅
蹴上駅
京都駅
伊藤軒
藤森駅
墨染駅
中書島駅
京阪電車
淀駅
宇治駅
2km

北野天満宮の鬼切丸だ！

宝物殿の特別展の様子

歴史を勉強せな！

まだまだ続く刀剣ブーム 刀剣御朱印はマストでしょ

いわれのある刀剣を宝物として所蔵する社寺は、実は沢山あります。なぜなら、戦勝祈願や成就の御礼のため、戦で命を落とした人を弔うために、武士の誇りである刀を奉納したからです。幕末の鳥羽伏見の戦いで激戦地にあった長円寺、貴族や大名が奉納した刀剣を数えきれないほど所蔵する北野天満宮など、一部の社寺しか紹介できないのがつらいところ。刀が持つ戦いの歴史にも思いを馳せて、御朱印界でも注目の刀剣御朱印をいただきましょう。

START

A 長円寺 所要20分

徒歩13分、京阪淀駅から墨染駅下車、徒歩7分

B 藤森神社 所要30分

徒歩7分、京阪墨染駅から祇園四条駅下車、徒歩10分

C 八坂神社 所要30分

円山公園を抜けて知恩院→青蓮院門跡→三条通を東へ徒歩2分、南側に粟田神社の鳥居がある

徒歩15分

D 粟田神社 所要40分

Ⓐ 長円寺（ちょうえんじ）

長円寺は幕末、戦火の真っ只中にあって攻撃されなかった稀有な寺。閻魔王の前で戦ったら地獄に落ちるとおそれて寺を避けた、という話が伝わります。劣勢な幕府軍、会津藩側の野戦病院になった長円寺に、落命した人の供養のために刀が奉納されました。

伏見 TEL 075-631-3113

㊟ 京都市伏見区淀新町681 ㊓ コロナ禍の対応のためHPより参拝申込制 ㊎ 一般参拝不可 ㊋ 京阪淀駅から徒歩13分 ㊡ 2・3・8・9月一般参拝不可
Ⓟ なし

要付き添い

戦いを忘れないことも供養になる

175
閻魔札朱印（えんまふだしゅいん）

- 2枚1組 1000円 - 期間限定

閻魔王像が安置され、沖田総司の愛刀・加州清光の兄弟刀が奉納されている。2019年秋冬授与。

176
閻魔札朱印

- 2枚1組 1000円 - 期間限定

会津藩の刀工名が付く、名刀和泉守（いずみのかみ）兼定（かねさだ）も奉納されている。壬生狼（みぶろ）は新選組の俗称。令和3年1月まで。

御朱印DATA

時間 10:00〜17:00 **通年** なし
限定 閻魔札朱印（4〜7月末、10〜1月末）※2・3・8・9月は朱印なし（一般参拝不可）
郵送 可（HPから申込み）
URL http://chouenji.2-d.jp/

徒歩7分、地下鉄東山駅から北大路駅下車、市バス北大路バスターミナルから建勲神社前下車、徒歩10分

Ⓔ 建勲神社（けんくんじんじゃ） 所要 30分

北へ徒歩10分、市バス建勲神社前から北野白梅町下車、徒歩7分

Ⓕ 北野天満宮（きたのてんまんぐう） 所要 45分

徒歩5分、嵐電北野白梅町駅から嵐山駅下車、市バス嵐山天龍寺前から大覚寺下車すぐ

Ⓖ 旧嵯峨御所（きゅうさがごしょ） 大本山（だいほんざん）大覚寺（だいかくじ） 所要 1時間

GOAL TOTAL 7時間50分

藤森神社（ふじのもりじんじゃ）

P.120
P.158
P.243

平安時代の刀工・五条国永が打ったと伝わる太刀・鶴丸国永は、時の有力者たちが携えたという名刀で、現在は皇室の御物。藤森神社は古来、王城守護・勝運の社として信仰され、祭礼時に鶴丸国永が神前に供えられた伝承も残っています。現代の刀匠が、御物の資料に基づき鶴丸国永(写)を鍛え、二〇一八年に奉納。ようやく鶴丸は、京都へ里帰りできました。

鶴の模様の紙に刀身の押形

177

鶴丸国永（つるまるくになが）の御朱印

- 500円　- 期間限定

刀剣ファンお馴染みの「鶴丸国永」。鶴が乱舞する模様が入った白い和紙に墨書。2020年1月から授与されている限定御朱印。書置きのみ。

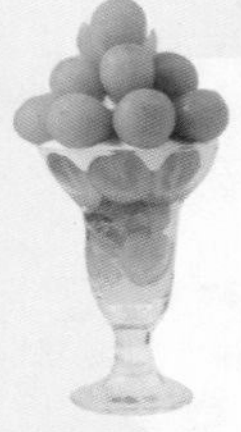

ココで一服

伊藤軒（いとうけん）

藤森神社から歩いて15分ほどにあるショップ＆カフェ。旬のフルーツを盛り込んだ季節のパフェが大人気！

TEL 0120-929-110　㊟京都市伏見区深草谷口町28-1　㊣10:00～18:00
www.kyoto-itoken.co.jp/

八坂神社（やさかじんじゃ）

P.101
P.124
P.127
P.157
P.235

バサッと切って
開運願おう

平安時代から幕末まで、都は何かと争いごとが多かったためか、古くから名刀が鍛えられた地でした。御祭神は刃物大神で、古事記や日本書紀にも登場する神様。神々の武具に使う製鉄や鍛冶の神として祀られています。職人や料理人も、社へ参詣するそうです。

178

御朱印（刃物神社）

- 300円　- 通年

苦難を断ち、未来を切り開くと信仰され、人気上昇中。平安時代には刀鍛冶が盛んだった京の都は、刃物発祥の地とされる。

粟田神社(あわたじんじゃ)

名刀「小狐丸」伝説とは？

クリップもついてたよ～

179 御朱印（合槌稲荷神社）

- 300円　- 通年

三条宗近(さんじょうむねちか)の相槌を打った狐を神と祀る合槌稲荷神社の御朱印は粟田神社で授与。

180 小狐丸の御朱印

- 700円　- 期間限定

宗近の相槌をした若者が稲荷の化身とわかり、刀に小狐と銘打った。京都刀剣御朱印めぐり第10弾で授与。

鍛冶の神・刀剣の神が宿る社

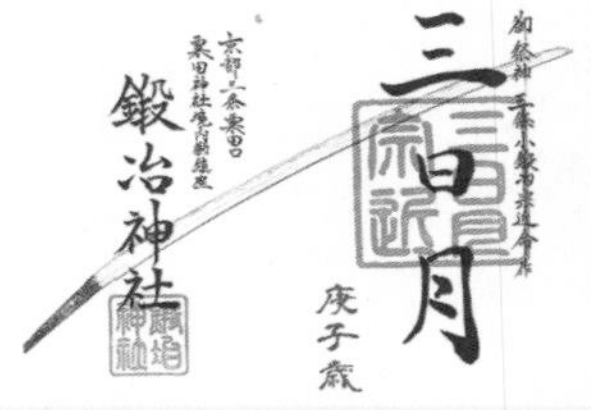

181 鍛冶神社 特別御朱印 三日月

- 500円　- 通年

鍛冶神社の神として祀られる、平安時代の名工・三条小鍛冶(こかじ)宗近が鍛えた名刀「銘 三条（三日月）」の押し型と「三日月宗近」の押印。一期一振とともにいただきたい。

182 鍛冶神社 特別御朱印 一期一振(いちごひとふり)

- 500円　- 通年

一期一振は、鎌倉時代に粟田口吉光が鍛えた太刀。吉光は一生のうちに、このひと振りしか太刀を作らなかったそう。粟田口吉光も、鍛冶神社の祭神の一柱。書置きのみ。

八七六（貞観一八）年創建の粟田神社。平安時代中期に小狐丸や三日月宗近を鍛えた三条小鍛冶宗近が、近くに住んだと伝わります。鎌倉時代には一期一振を鍛えた粟田口吉光ら多くの刀工が活動拠点を置き名刀を作りました。三条小鍛冶宗近、粟田口吉光は、末社鍛冶神社の御祭神です。

粟田口　TEL 075-551-3154

住 京都市東山区粟田口鍛冶町1　時 6:00～17:00　¥ 境内自由　交 地下鉄東山駅から徒歩7分　休 無休　P なし

御朱印DATA

時間 8:30～17:00　通年 5種類

限定 未定　郵送 不可

URL https://awatajinja.jp/

183 宗三左文字特別朱印

- 300円 - 通年

南北朝時代に作られたという刀。桶狭間の戦いで今川義元から織田信長が戦利品として所有、以降信長が死ぬまで愛した刀と伝わる。重文。

184 薬研藤四郎特別朱印

- 300円 - 通年

鎌倉時代、粟田口派の藤四郎吉光が鍛えた短刀。本能寺の変で焼け落ちたと伝わる。建勲神社には、薬研藤四郎の再現刀が奉納されている。

戦国乱世を統一し朝儀復興などの偉勲を残した織田信長公を御祭神として、明治天皇によって創建された神社。信長公ゆかりの品々が奉納されていて、愛した名刀も所蔵されています。信長公とご縁を結びたい人が、大勢参拝しています。

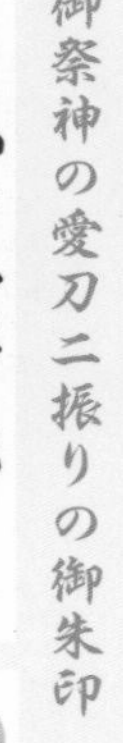

E 建勲神社（けんくんじんじゃ）

P.144
P.220
P.243

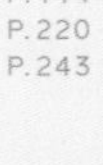

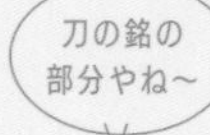

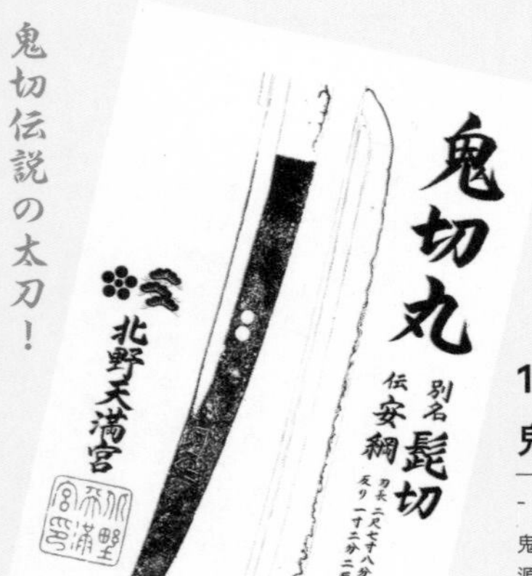

左が御朱印、右は千社札風シール

F 北野天満宮（きたのてんまんぐう）

P.010
P.105
P.133
P.154
P.243

185 鬼切丸（髭切）御朱印

- 1000円 - 通年

鬼切丸は平安時代に源満仲が作らせた、源家相伝の刀で重文。渡辺綱が鬼を切ったという、伝説を持つ。一緒に押形、千社札風シールも授与。

G 旧嵯峨御所 大本山 大覚寺

P.143
P.240

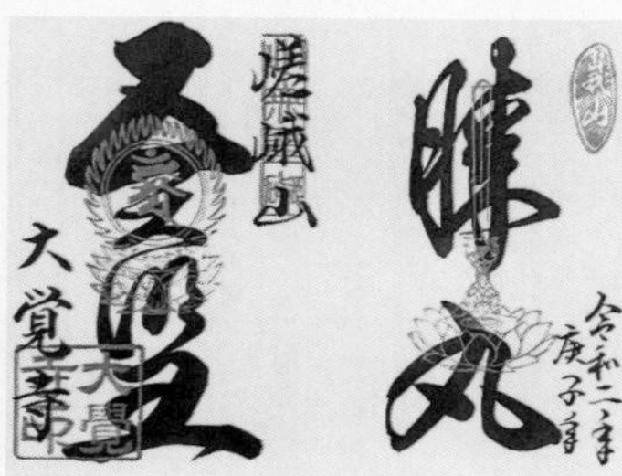

187
銘刀膝丸御朱印

- 1000円　- 数量限定

膝丸は、源義経が所持した頃に薄緑と改名された。そのことから薄緑色の紙に五大明王、膝丸と書かれた見開きタイプの御朱印。2020年10月16日～なくなり次第終了。

ついに出た！ ファン待望の膝丸

大覚寺は嵯峨天皇の離宮を前身とする寺院。離宮内の持仏堂には弘法大師の勧めで五大明王が祀られ、弘法大師御自らの手により祈祷したことで、日本最初の五大明王祈祷御所と言われます。また近年は、太刀「薄緑（膝丸）」を所蔵することでも有名です。

銘刀膝丸のお守りはいかが？右・かほり守 1000円、左・膝丸根付1000円

＼ココで一服／

粟餅所・澤屋

江戸時代から北野天満宮門前にある老舗甘味店。名物の粟餅は500円。

℡075-461-4517　㊟京都市上京区今小路通御前西入ル紙屋川町838-7
㊕9:00～17:00頃（売り切れ次第終了）
㊡木曜、毎月26日

御祭神に菅原道真公を祀る北野天満宮。学問の神様として有名ですが、和歌や芸能の上達など様々な御神徳があります。戦国時代は戦勝祈願などで、武具や太刀が沢山奉納されました。宝物殿の特別公開時に、鬼切丸などの刀が展示されることもあるので、刀剣好きなら見逃さないで！

セットのフェルトは1枚選べる！

186
鬼切丸（髭切）御朱印

- 1000円　- 通年

鬼切丸の見開きタイプの御朱印。柄なしの刀身の押形、鍔をイメージした印と北野天満宮の印。フェルト1枚と千社札風シールもセットで。

ROUTE 5

新選組&龍馬の足跡をたどる幕末コース

世の中を変えようとして若者たちが駆け抜けた時代

江戸時代末期、幕末。それぞれの志を抱いた若者らが全国から京の都へ続々と集まり、時代が激しく動き始めました。会津藩の活動拠点となった金戒光明寺、新選組ゆかりの壬生寺など、彼らが情熱を燃やした跡を歩けば、志士たちの叱咤激励が聞こえてきそうな気がします。

上：京都霊山護国神社の坂本龍馬と中岡慎太郎の像
左：壬生寺の近藤勇の胸像

START

A 金戒光明寺 所要40分

徒歩10分、市バス熊野神社前から東山安井下車、徒歩12分

B 霊明神社 所要15分

急な坂道

徒歩2分

C 京都霊山護国神社 所要30分

徒歩10分、市バス東山安井から壬生寺道下車、徒歩3分

市バス一日乗車券を買うのがオススメ

Ⓐ 金戒光明寺（こんかいこうみょうじ）

P.151

188 御朱印（阿弥陀如来）

- 300円〜御志納　- 通年

墨書は阿弥陀堂の本尊・阿弥陀如来。御宝印の梵字は、下から時計回りにナモアミタフと読む。

会津藩と新選組を結んだ地

幕末に会津藩が駐屯し、本陣を置いた寺院。京都守護職の会津藩主松平容保に預けられた浪士組は、新選組として活動を始めました。新選組の壬生屯所と黒谷本陣は、毎日、連絡を取り合っていたそうです。

御宝印、カッコいい

Ⓑ 霊明神社（れいめいじんじゃ）

P.247

霊山墓地を創設し、長州藩士をはじめ殉難志士らの神道葬祭を執り行った社。現在も九月に志士の慰霊祭が行われ、志士の神霊を奉祀し続ける神社です。

清水寺周辺　TEL075-525-0010

㊟京都市東山区清閑寺霊山町25　㊕9:00〜17:00　¥境内自由　㋙市バス東山安井から徒歩12分　㊡無休　Ⓟなし

幕末の志士が街を見守る

189 御朱印（霊明神社）

- 300円　- 通年

隷書体で書かれる墨書に、桜の印と神社の印。礼節を尽くす雰囲気がある一体。

御朱印DATA

時間 9:00〜17:00　通年 2種類（霊明神社、猿田彦神社）

限定 7月秋湖祭、猿田彦祭、8月すいか祭、9月幕末志士慰霊祭、11月坂本龍馬慰霊祭（枚数限定）

郵送 可（参拝できない理由要説明。HP、電話、FAX）

URL https://www.reimeijinja.org

\ ココで買い物 /

聖護院八ッ橋総本店（しょうごいんやつはしそうほんてん）

330年以上の歴史を持つ八ッ橋の老舗。「八ッ橋」の由来となった八橋検校の墓がある金戒光明寺の参拝後に立ち寄ってみては？聖護院八ッ橋24枚入り500円。

TEL075-752-1234　㊟京都市左京区聖護院山王町6　㊕8:00〜17:00　㊡無休

Ⓓ 壬生寺（みぶでら）　所要30分

徒歩4分、市バス壬生寺道から七条堀川下車、徒歩3分

Ⓔ 本光寺（ほんこうじ）　所要20分

GOAL

TOTAL 3時間50分

C 京都霊山護国神社（きょうとりょうぜんごこくじんじゃ）

維新の道と名付けられる坂道を上った場所にある京都霊山護国神社には、千名を超える幕末維新の志士たちが眠っています。坂本龍馬や中岡慎太郎ら、志の途中で命を散らした若者たちの魂が、山の中から私たちを見守ってくれています。心を込めて墓参しましょう。

幕末の志士を祀る神社渾身の一体

清水寺周辺　TEL 075-561-7124

㊟ 京都市東山区清閑寺霊山町1　㊕ 9:00～17:00　¥ 300円　㊇ 市バス東山安井から徒歩10分　㊡ 無休　Ⓟ なし

190
御朱印（京都霊山護国神社）

- 300円　- 通年

幕末の志士たち、近代日本を築いた英霊を祀る京都霊山護国神社の御朱印は、こちらの一体のみ。大きく書かれた墨書に勇気が湧く。

御朱印DATA

時間 9:00～17:00
通年 1種類　限定 なし
郵送 不可
URL http://www.gokoku.or.jp/

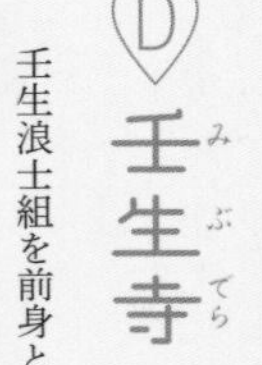

D 壬生寺（みぶでら）

P.243

壬生浪士組を前身とする新選組は、壬生寺付近にある邸宅を屯所（詰所）にして活動していました。壬生寺の境内は新選組の兵法調練場になり、武芸や大砲の訓練が行われていました。境内には新選組隊士の墓や近藤勇の胸像があるので、ぜひお参りを。

地蔵尊の前で隊士らは修練した

壬生　TEL 075-841-3381

㊟ 京都市中京区坊城通仏光寺上る　㊕ 8:30～16:30　¥ 無料（壬生塚・歴史資料室200円）　㊇ 市バス壬生寺道から徒歩3分　㊡ 無休　Ⓟ なし

191
御朱印（延命地蔵尊）

- 300円　- 通年

延命地蔵尊は、壬生寺の本尊。境内で新選組の沖田総司が子どもを集めて遊んだといわれ、お地蔵様にも手を合わせていたかもしれない。

御朱印DATA

時間 8:30～16:30　通年 5種類
限定 4種類（元日限定、壬生狂言開催時限定、25日のみ一夜天神、28日のみ不動明王）
郵送 不可
URL http://www.mibudera.com

八木家（やぎけ）

新選組の宿所だった屋敷で、芹沢鴨暗殺の舞台でもある。当時の刀傷が現存しており、新選組ファンなら必訪！ガイド・抹茶・屯所餅付き1100円。

TEL 075-841-0751（京都鶴屋・鶴寿庵）
㊟ 京都市中京区壬生梛ノ宮町24　㊎ 9:00～17:00

E

本光寺（ほんこうじ）

P.088

生前も男前といわれた甲子太郎の肖像画

この御朱印は過去のもの

伊東甲子太郎の説明を少し。北辰一刀流の免許皆伝、新選組に入隊し参謀に。離脱後の慶応三年一一月八日の夜、近藤勇に呼ばれて酒の接待を受けた帰り道、新選組隊士に斬られ死去。本光寺の門前にあった石塔にもたれかかって亡くなったそうです。本光寺は往時と同じ場所にある、まちなかに溶け込む静かなお寺。

192
伊東甲子太郎の肖像画御朱印

- 1000円　- 数量限定

毎年、伊東甲子太郎の祥月命日以前の最も近い土曜に「油小路の変殉難者慰霊法要」が行われ、法要当日以降に特別御朱印が授与される。

男も女も憧れる文武両道の志士

193
御朱印（伊東甲子太郎歌集）

- 直書き300円、和紙400円　- 通年

甲子太郎の歌集「残しおく言の葉草」に収録される和歌を墨書。甲子太郎の後ろ姿は、彼が好きだったという紫色。和紙の色は、変更あり。

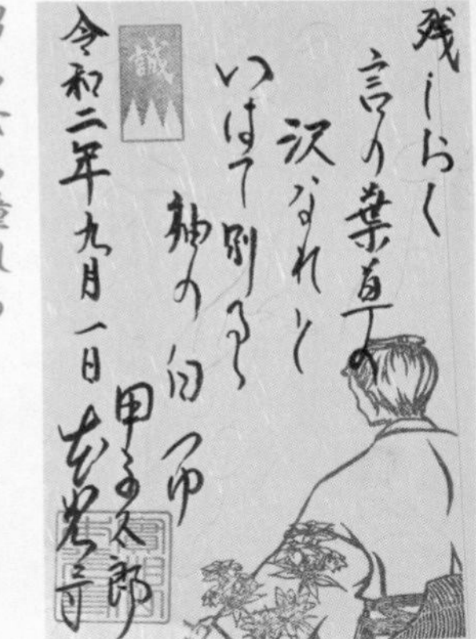

ROUTE 6

豪華絢爛！駆け足 世界遺産コース

GOSHUIN MEGURITABI
TOUJI → KOUSANJI
Sekaiisan course

START

A 東寺（教王護国寺）……所要1時間

徒歩15分、JR京都駅から宇治駅下車、徒歩10分

B 平等院……所要1時間

宇治川を挟んで向こう岸

徒歩12分

C 宇治上神社……所要20分

徒歩10分、京阪宇治駅から六地蔵駅で乗り換え、地下鉄六地蔵駅から醍醐駅下車、徒歩10分

D 醍醐寺……所要1時間

徒歩10分、地下鉄醍醐駅から東山駅で乗り換え、市バス東山三条から銀閣寺道下車、徒歩10分

E 銀閣寺（慈照寺）……所要45分

京都の世界遺産の十社寺
豪華な欲張りプランに挑戦！

京都にある世界遺産の社寺と城は、全部で十七ヶ所。いずれも日本が世界に誇る素晴らしい宝！このルートでは十ヶ所を紹介していますが、一日で全部をめぐってしまうのは、もったいないし不可能です。世界遺産で出会えた神様仏様をゆっくり参拝したら、御朱印も忘れずにいただきましょう！

見どころ多いねんで

Ⓐ 東寺（教王護国寺）

P.152
P.238

弘法大師も本尊も東寺を語るに外せない

都が平安京に移った時に創建され、後に嵯峨天皇から寺を任された弘法大師が、真言密教の根本道場にした東寺。本尊が安置される金堂、講堂には立体曼荼羅として人気がある二十一体の仏像、国宝の五重塔など、見どころ満載です。

194
御朱印（薬師如来）

- 300円　- 通年

東寺の本尊は、金堂に安置される薬師如来。薬壺を持たない姿は古い様式と言われる桃山時代作の重要文化財。

195
御朱印（弘法大師）

- 300円　- 通年

嵯峨天皇から東寺を任された、弘法大師が墨書きされる。東寺でいただくとさらに価値ある一体と感じる。

徒歩10分、市バス銀閣寺道から出町柳駅前で乗り換え、市バス上賀茂神社前下車、バス停移動中は徒歩6分

Ⓕ 上賀茂神社（賀茂別雷神社）・・・所要45分

徒歩6分、上賀茂神社前から烏丸北大路で乗り換え、北大路バスターミナルから金閣寺道下車、徒歩3分

Ⓖ 金閣寺（鹿苑寺）・・・所要1時間

徒歩3分、市バス金閣寺道から竜安寺前下車、徒歩5分

Ⓗ 龍安寺・・・所要45分

徒歩10分　「きぬかけの路」を歩く

Ⓘ 仁和寺・・・所要1時間

徒歩すぐ、JRバス御室仁和寺から栂ノ尾下車すぐ

Ⓙ 高山寺・・・所要30分

GOAL　TOTAL 13時間40分

B 平等院

平安後期の関白・藤原頼通が父・道長から譲り受けた邸宅を建て替え、平等院を創建。末法思想が広がる頃、まばゆく華やかな阿弥陀堂（鳳凰堂）ができました。千年の時を超えた今も、往時の建築物や仏像が人々を魅了しています。

この世で表現した極楽浄土

宇治　TEL 0774-21-2861

㊟ 京都府宇治市宇治蓮華116　㊡ 8:30～17:15（鳳翔館は9:00～16:45）　¥ 600円（鳳凰堂内部300円）　㊯ JRまたは京阪宇治駅から徒歩10分　㊡ 無休　Ⓟ なし

© 平等院

196 御集印（鳳凰堂）

- 300円　- 通年

平等院を象徴する鳳凰堂は、その姿形自体が羽根を広げた鳳凰のように見える。極楽浄土を表現したという平安時代後期の建物で国宝。

御朱印DATA

時間 9:00～17:00
通年 2種類
郵送 不可
URL https://www.byodoin.or.jp/

197 御集印（阿弥陀如来）

- 300円　- 通年

金色に輝く本尊の丈六阿弥陀如来坐像は、平安時代の仏師・定朝が作ったという国宝の仏像。

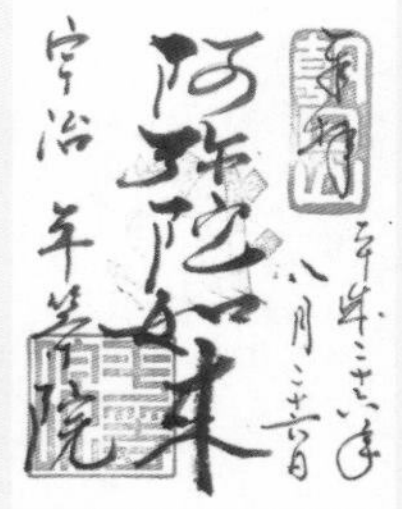

© 平等院

C 宇治上神社

P.092

宇治上神社は、現存する日本で一番古い木造神社建築と証明された本殿と拝殿を擁する古社。本殿には平安時代後期の木材が使われ、拝殿には鎌倉時代前期の木材が使われています。古い様式を残す貴重な建築として、いずれも国宝です。

オリジナル歌集にしたい

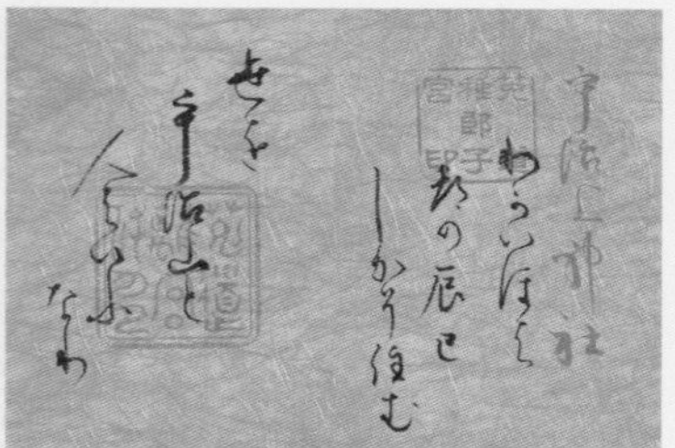

和歌の説明ももらえるよ

198 見開き限定和歌朱印

- 1200円　- 期間限定

上質な和紙に、宇治にちなんだ和歌が書かれる見開きタイプの御朱印。種類によって紙の色、和歌が変わる。

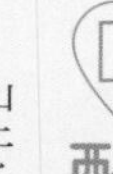

醍醐寺（だいごじ）

P.112

山上と山麓に境内が広がる大変広い醍醐寺。国宝、重文の建造物も多く、豊臣秀吉が作庭を指揮した三宝院庭園や長谷川等伯一派の障壁画なども見どころ。薬師如来などの御朱印は観音堂で、弥勒菩薩の御朱印は三宝院で授与されます。

多くの仏様とご縁を結んで

199

御朱印（薬師如来）

- 300円　- 通年

本尊・薬師如来は金堂に祀られる。金堂は豊臣秀吉が移築を命じ、秀頼が完成させた建物で国宝。

200

御朱印（弥勒菩薩）

- 300円　- 通年

弥勒菩薩を慈氏菩薩とも言うことから、三宝院の弥勒菩薩様が祀られる建物という墨書。

ココで一服

フレンチカフェ ル・クロ スゥ ル スリジェ 〜桜の樹の下で〜

醍醐寺の霊宝館内にある、IKEAとのコラボカフェ。特製マカロンが添えられたガトーショコラ「醍醐寺の石畳」770円がおすすめ。㊐11:00〜16:00

銀閣寺（ぎんかくじ）（慈照寺（じしょうじ））

わび・さびの心を伝える銀閣寺。建造物や庭園は、シンプルに見えても随所に手間がかけられていることがわかります。境内で最も有名な銀閣は「観音殿」が正式名称で、潮音閣という二層目に、岩屋観音様が祀られています。

シンプルだけど、豪華な御朱印

201

御朱印（観音殿）

- 300円　- 通年

銀閣寺で授与される御朱印は、観音殿と書かれるこの一体だけ。観音殿とは、「銀閣」のこと。

御朱印DATA

時間　拝観時間と同じ

通年　1種類　郵送　不可

URL　https://www.shokoku-ji.jp/ginkakuji

哲学の道　TEL 075-771-5725

㊟ 京都市左京区銀閣寺町2　㊐ 8:30〜17:00（12月〜2月末は9:00〜16:30）　¥ 500円　㊋ 市バス銀閣寺道から徒歩10分　㊡ 無休　Ⓟ なし

F 上賀茂神社（賀茂別雷神社）

P.116
P.127
P.139

御祭神は、神山に降り立った賀茂別雷大神。母は第一摂社・片山御子神社（片岡社）の賀茂玉依姫命といわれます。神社創始の神話は興味深く、通常の国宝本殿特別参拝で聞くことができます。国宝本殿も近くで参拝できてオススメです。

神紋・二葉葵が可愛い

202
御朱印（賀茂別雷神社）

- 300円　- 通年

神社古来の格式を表す「山城國一之宮」と正式名称「賀茂別雷神社」が、堂々と書かれる。書き手によって筆致は変わるが墨書は同じ。

ココで一服

神山湧水珈琲 煎

上賀茂神社2600年の歴史の中で初めて、令和元年に常設されたお休み処。神山の透き通った名水で淹れたアイスコーヒー400円でリフレッシュ！

㊍10:00～16:00

G 金閣寺（鹿苑寺）

金ピカのお堂を見たいと、世界中から参拝者が押し寄せる金閣寺。金箔が二十キロも使われているゴージャスを極めた金閣も、鏡湖池を含む国の特別史跡及び特別名勝に指定される鹿苑寺庭園も、足利義満が心に描いた極楽浄土の世界を表現したものといわれます。

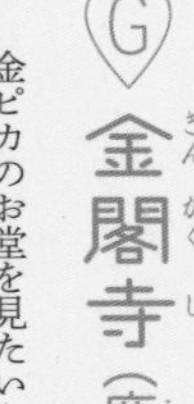

誰もが知る金色の寺
御朱印は正統派

きぬかけの路

TEL 075-461-0013

㊟ 京都市北区金閣寺町1　㊍ 9:00～17:00　¥ 400円　㊋ 市バス金閣寺道から徒歩3分　㊡ 無休　Ⓟ 250台（有料）

203
御朱印（舎利殿）

- 300円　- 通年

墨書の舎利殿とは「金閣」の正式名称で、仏舎利を納めることから「舎利殿」と言う。朱印は「鹿苑禪寺」、北山鹿苑禪寺からきている。

御朱印DATA

時間 拝観時間と同じ　通年 2種類
限定 なし　郵送 不可
URL https://www.shokoku-ji.jp/kinkakuji/

H 龍安寺（りょうあんじ）

龍安寺は、方丈前の枯山水庭園、石庭が特に有名です。誰が作ったか、どんな意味があるのか、ほとんどわかっていない謎多き庭。そして水戸光圀が寄進した、吾唯足知のつくばいも有名。御朱印の左上にある印と比べてみて！

インパクト大な、石庭！

御朱印DATA

時間 拝観時間と同じ　**通年** 1種類
限定 なし　**郵送** 不可
URL http://www.ryoanji.jp/smph

きぬかけの路 TEL 075-463-2216

㊟ 京都市右京区龍安寺御陵下町13 ㊕ 8:00～17:00（12～2月末は8:30～16:30） ￥ 500円 ㊡ 市バスまたはJRバス竜安寺前からすぐ Ⓟ 拝観者のみ1時間無料

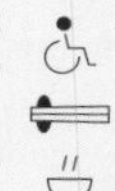

204
御朱印（石庭）

- 300円　- 通年

世界一有名な石庭を墨書にしたためる、龍安寺の御朱印。直球勝負な感じが素晴らしい一体。左上に押される印は、これも有名なつくばい。

I 仁和寺（にんなじ）

P.113
P.242

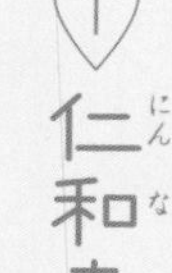

創建当初から約千年間も皇族出身者が代々住職を務めた、由緒正しき雅な寺院。金堂は現存する最古の紫宸殿で、寛永年間に移築したもので国宝。

どちらも本尊様

205
御朱印（阿弥陀如来）

- 300円　- 通年

現在の本尊は、金堂に祀る阿弥陀三尊。創建当時の本尊は、霊宝館の国宝阿弥陀如来。

J 高山寺（こうさんじ）

P.241

マンガのルーツともいわれる国宝・鳥獣人物戯画があるのが、高山寺。現在、お寺で見られるのはレプリカですが、本場で見れば感慨もひとしおです。

思い出になる一体

206
御朱印（本尊釈迦如来）

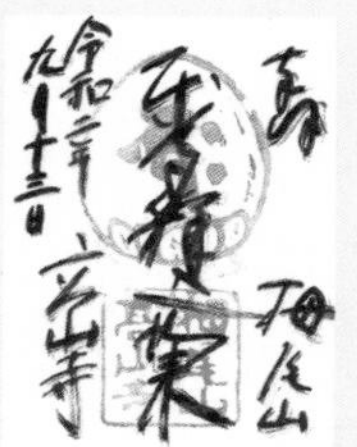

- 300円　- 通年

中央の墨書は本尊名、右下の栂尾山（とがのおさん）は高山寺がある山のこと。御朱印はこちらの一体のみ。

御朱印DATA

時間 8:30～17:00　**通年** 1種類
限定 なし　**郵送** 不可
URL https://kosanji.com/

高雄 TEL 075-861-4204

㊟ 京都市右京区梅ケ畑栂尾町8 ㊕ 8:30～17:00 ￥ 入山自由（秋期は入山500円）、石水院拝観800円 ㊦ JRバス栂ノ尾から徒歩5分 ㊡ 無休 Ⓟ 50台（11月有料、市営駐車場利用）

ROUTE 7

全山制覇！比叡山延暦寺コース

GOSHUIN MEGURITABI *Hieizan Enryakuji*

⑨ 横川中堂

⑩ 四季講堂（元三大師堂）

C 横川エリア

おみくじ発祥のお寺

⑩ ⑨ W.C 箸塚弁財天 W.C

恵心堂の御朱印はここで授与

石仏 鐘楼 恵心堂 横川 釈迦堂 受付 W.C

④ 正覚院

③ 大黒堂

② 萬拝堂

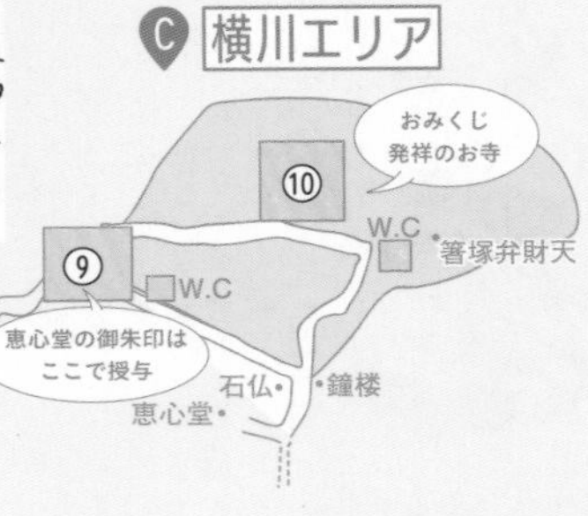

この一体から始めよう

延暦寺会館の中でもらえる

受付 ここが本堂 延暦寺会館 ④ 延暦寺バスセンター 国宝殿 W.C ① ⑤ ③ ⑥ 戒壇院 鐘楼 大書院 ② W.C 受付 W.C 受付 ⑦ 東塔 総持院東塔

ここの御朱印は阿弥陀堂で授与

A 東塔エリア

207

① 根本中堂（薬師如来）

- 300円　- 通年

墨書は医王殿。本尊・薬師如来が祀られるお堂・根本中堂を意味する。神秘的な内陣中央の大厨子に伝教大師最澄が刻んだ秘仏の本尊が祀られる。

W.C 延暦寺駅 ケーブル 比叡山坂本ケーブル ケーブル坂本駅

⑦ 阿弥陀堂

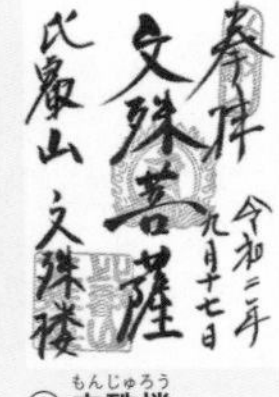

⑥ 大講堂

⑤ 文殊楼

御朱印DATA

時間	8:30～16:00
通年	16種類(全て300円)
限定	縁日特別御朱印(500円)
郵送	不可
URL	https://www.hieizan.or.jp/

比叡山延暦寺（ひえいざんえんりゃくじ）

→P.242

日本仏教の母と敬われる比叡山延暦寺。全山が延暦寺の寺域で、東塔（とうどう）、西塔（さいとう）、横川（よかわ）という三つのエリアに分かれています。どのエリアにも本堂があり、西塔は釈迦堂、横川は横川中堂、東塔の根本中堂は比叡山延暦寺の総本堂です。他にも重要なお堂が沢山あり、すべてをゆっくり参拝して回るのは、数時間ではとても無理！いくつかのお堂では御朱印が授与され、現在いただけるのは十六種類。根本中堂、阿弥陀堂、釈迦堂、横川中堂、四季講堂では、近接するお堂の御朱印も授かれます。修理中の根本中堂は、参拝可。二〇二六年終了予定。

根本中堂。修理中は、内部で工事の様子が見られる

⑧ 釈迦堂

比叡山 TEL 077-578-0001

㊟ 滋賀県大津市坂本本町4220 ㊕ 東塔8:30～16:30、西塔・横川9:00～16:00（巡拝最終受付各30分前）※冬季は月により異なる ㊎ 三塔巡礼共通券1000円、国宝殿拝観500円 ㊇ ケーブル延暦寺駅から徒歩8分 ㊡ 無休 Ⓟ 東塔第一駐車場270台ほか

B 西塔エリア

↑横川
最澄作のお釈迦様
W.C
⑧
鐘楼
弁慶がかついだというにない堂。になうとはかつぐという意味
W.C
受付
西塔
伝教大師御廟
・浄土院
シャトルバスは約30分に1本の運行
東塔から西塔までは歩いても約30分
比叡山頂
比叡山ドライブウェイ
受付
W.C
山王院
ガーデンミュージアム比叡
京福叡山ロープウェイ
比叡山頂駅
←ロープ比叡駅
受付
ハイキングしよう！
弁慶水

喫茶れいほう

東塔にある延暦寺会館のカフェ。希望の干支の守り本尊の梵字を描いてもらえる梵字抹茶ラテ700円でほっこりと。
㊕ 9:00～17:00

START
A 東塔（とうどう）エリア --- 所要 2時間
比叡山内シャトルバス 延暦寺バスセンターから西塔下車
B 西塔（さいとう）エリア --- 所要 1時間
比叡山内シャトルバス 西塔から横川下車
C 横川（よかわ）エリア --- 所要 45分
GOAL
TOTAL 約4時間30分

お城めぐりの記念にいかが？

御城印（ごじょういん）

社寺で授与される御朱印に似ているけれど、こちらは御城印と言います。
全国の城で続々と発行、販売されています！

人気上昇中！
お城の印

二条城 入城記念符

- 300円　- 通年

堂々と書かれる二条城の文字の上に、城内に現存する飾り金具からデザインを起こした葵紋を押印。格式の高さを漂わせる二条城の御城印は、入城記念符という。二条城を訪れた記念にお土産として購入しよう。

御城印DATA

時間 8:45～16:45
通年 1種類
限定 不定期であり
郵送 不可
URL 二条城売店 https://ja.kyoto.travel/tourism/article/shop/

元離宮（もとりきゅう）二条城（にじょうじょう）

P.248

京都の世界遺産の中で唯一の城・二条城

お城好きな人たちの間で広がる御城印ブーム。御城印は、全国各地の城で販売されていて、お城めぐりを楽しむアイテムの一つです。二条城の入城記念符は、収益の一部が「二条城一口城主募金」として、国宝・二の丸御殿などの文化財保護や建造物の修理事業に充てられます。御城印は専用の御城印帳に貼りましょう。

二の丸御殿。狩野派の襖絵や大政奉還の意志の表明が行われた部屋など、じっくり見て歴史を感じたい！

二条城　TEL 075-841-0096

㊟ 京都市中京区二条通堀川西入二条町541
㊕ 8:45～16:00　¥ 1030円　㊋ 市バス二条城前からすぐ　㊡ 12/29～31　Ⓟ 約120台（有料）　https://nijo-jocastle.city.kyoto.lg.jp/

5)

お好みに合わせて

テーマ別

CHAPTER 5： BY THEME

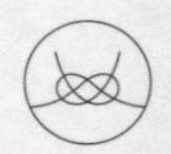

縁結び

大国主社（おおくにぬしゃ）

八坂神社（やさかじんじゃ）

◎縁結び

208 御朱印（大國主社）

- 300円
- 通年

縁結びの神様・大国主命（おおくにぬしのみこと）を祀る八坂神社の境内末社で、良縁成就と子宝のご利益があるといわれる。御朱印の中央には大国主社の印、その上には、八坂神社の2つの神紋が押印されている。

モテ男の大黒様にあやかりたい!!

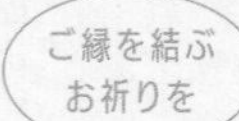

御朱印DATA

時間 9:00〜18:00
通年 13種類
限定 4種類
郵送 可（HPの申込書に記入のうえ、郵送で申込み）
URL http://www.yasaka-jinja.or.jp/about/map.html

祇園

TEL075-561-6155（八坂神社）

㊟京都市東山区祇園町北側625 ㊡境内自由（授与所9:00〜18:00） ¥境内自由 ㊋市バス祇園からすぐ ㊐無休 Ⓟなし

行列でもお願いしたい最強縁結びスポット

御祭神の大国主命は、神話「因幡（いなば）の白兎（しろうさぎ）」にも登場。その昔、因幡の白兎を救った大国主が、後に美しい姫と結ばれたというストーリーで、そこから縁結びの神様として信仰されるようになりました。人気の縁結びスポットで良縁祈願をしましょう。

注目!

ハートの絵馬

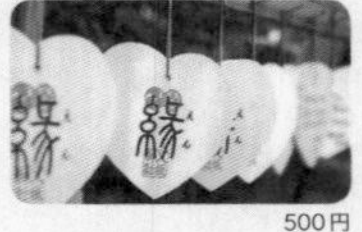

500円

良縁成就への思いを込めて書き記せば、きっと願いが叶うはず！

耳ヨリ! POINT ☑ ご縁を結ぶ恋愛成就御朱印

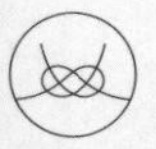

縁結び

安井金比羅宮（やすいこんぴらぐう）

P.164

◎悪縁、欲などと縁切り
◎良いご縁を結ぶ

209　御朱印（安井金比羅宮）

- 300円
- 通年

帆に「金」と書かれた宝船の押印が特徴的な御朱印。持っているだけで幸運を運んでくれそうな気が。藤の名所にちなみ、藤の花がデザインされた御朱印帳もあり、ぜひ手に入れたいところ。

悪縁を切って良縁を結ぼう！

御朱印DATA

時間 9:00〜17:30
通年 1種類
郵送 不可
URL http://www.yasui-konpiragu.or.jp/

祇園　TEL 075-561-5127

㊟ 京都市東山区下弁天町70　㊋ 境内自由　￥ 境内自由　㊫ 市バス東山安井から徒歩3分　㊡ 無休　Ⓟ 20台（有料）

（参道は石畳）

安井の金比羅さんでお馴染み

「安井の金比羅さん」と人々に愛され、断ち物の祈願所としても信仰を集める神社。参拝者の身代わりのお札である形代（かたしろ）でぎっしりと埋め尽くされた縁切り縁結び碑を、表から裏へくぐって悪縁を切り、次に裏から表へくぐって良縁を結びます。

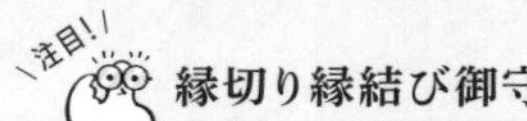

縁切り縁結び御守

800円

2体セットで効力発揮！お参りの後は、お守りも携帯してご利益UP！

耳ヨリ！POINT　☑ 金の宝船は縁起がいい！

210　御朱印（相生社）

- 500円
- 通年

縁結びのご利益で知られる相生社では、御朱印にも「えんむすびの神」の文字が。縁の押印は御神木「連理の賢木」のデザイン。ご縁を結ぶピンク色の水引は、恋の気分を盛り上げてくれる！

縁結び

相生社

下鴨神社

◎恋愛や出会いの縁結び
◎良い仕事とのご縁

ご縁を祈って
キュートな御朱印をいただく

ステキな人に
出会いたい〜

御朱印DATA

時間	9:00〜16:30
通年	1種類
限定	なし
郵送	不可
URL	https://www.shimogamo-jinja.or.jp/enmusubi/

御神木・連理の賢木で恋愛パワーをチャージ

神皇産霊神を祀る縁結びの社。参拝したら、御神木・連理の賢木と社の周りを回って絵馬を奉納し、縁結びを祈願するのが相生社の作法。女性は社に向かって右回り、男性は左回りに進みます。良縁、仕事、子宝など様々な"縁"を祈願しましょう。

下鴨神社

TEL 075-781-0010（下鴨神社）

㊟ 京都市左京区下鴨泉川町59　㊕ 9:00〜16:30　¥ 境内自由　交 市バス下鴨神社前から徒歩5分　休 無休　P 100台（有料）

縁結びおみくじ

源氏物語にちなんだおみくじ。男性は束帯、女性は十二単の形

300円

耳ヨリ！POINT　☑ 恋色の縁結びマークがキュート

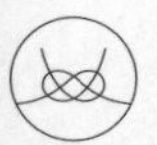

縁結び

今宮神社

◎◎縁結び、玉の輿
健康、長寿

211 花傘御朱印

- 500円
- 通年

毎年4月に行われる京都三奇祭のひとつ、やすらい祭にちなんで花傘が描かれた御朱印。お祭りでは、この花傘の下に入るとその年を健康で過ごせるといわれる。はさみ紙もかわいいと評判。

花傘の押印入りで
華やか！

御朱印DATA

時間 9:00〜17:00（お正月の三が日は授与できない可能性あり）
通年 3種類
郵送 不可
URL http://www.imamiyajinja.org/

紫野 TEL 075-491-0082

㊟ 京都市北区紫野今宮町21 ㊙ 境内自由（社務所9:00〜17:00） ¥ 境内自由
㊛ 市バス今宮神社前からすぐ
㊡ 無休 Ⓟ 44台（有料）

将軍の母"お玉さん"にあやかる

徳川5代将軍綱吉の母、桂昌院の産土の社。桂昌院（お玉）は八百屋の娘から将軍の母にまで上り詰め大出世したことから、「玉の輿」の語義となったとか。そのため現在でも、玉の輿や良縁のご利益を求める参拝者で賑わっています。

注目！ 玉の輿守

800円

八百屋の娘であるお玉にちなみ野菜が織り込まれたかわいいお守り

耳ヨリ！POINT ☑ 風流傘のインパクト大

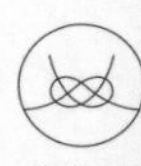

元祇園 梛神社

P.068
P.117

◎良縁祈願
◎夫婦円満

212 特別御朱印「縁」

- 1000円
- 期間限定

「縁が切れない」「縁を結ぶ」御神木の梛の葉をメインモチーフにした、良縁を願う御朱印。台紙は白とピンクの2色展開。恋愛に限らず、人やもの、仕事など様々な良縁に恵まれたい。

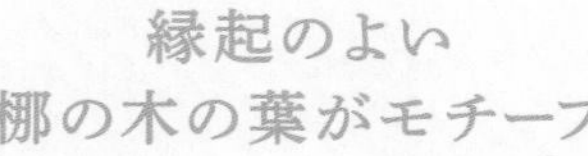

御朱印DATA

- 時間 9:00〜17:00
- 通年 2種類（梛神社、隼神社）
- 限定 季節、行事などで15種類ほど
- 郵送 現在は可（現金書留で申込み）※不可になる場合あり
- URL ホームページ開設予定

壬生 TEL 075-841-4069

住 京都市中京区壬生梛ノ宮町18-2 時 9:00〜17:00 ¥ 境内自由 交 市バス壬生寺道からすぐ 休 無休（臨時休あり） P なし

御神木の梛の木が参拝者を出迎える

京都で疫病が流行し、鎮疫祭の神輿を安置したのが神社の起源。神輿は後に八坂神社に送られたことから、「元祇園社」とも。ご神木の梛の木は葉が丈夫で、切れたり破れたりせず、縁起がよいといわれ、縁結びの木として親しまれています。

梛の実のおみくじ

実は願い事を書いた紙を中に入れ祈願する絵馬。おみくじはおまけ

梛の実に運命を託す

800円

耳ヨリ! POINT ☑ 梛の葉と花々が舞い華やか

縁結び

市比賣神社

いち ひ め じん じゃ

◎女性の守り神
◎厄除・良縁・安産

213　御朱印（市比賣大神）

- 300円
- 通年

「女人守護所」と書かれた、女性にとってありがたい御朱印。菊紋の押印は、皇室にゆかりがある印。皇室守護の社として御所の方角を向いているため、神社には珍しく北向きに建てられている。

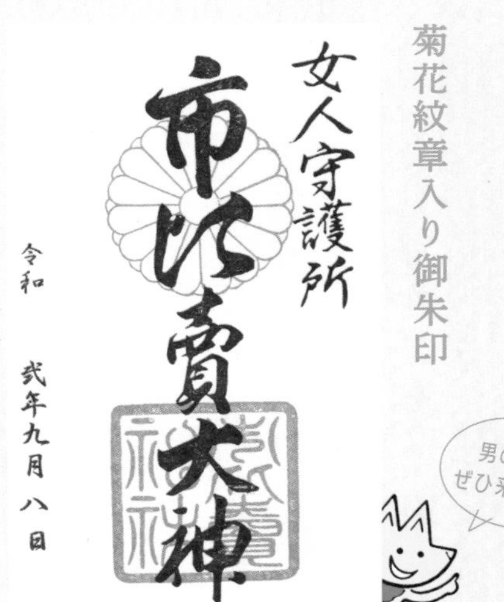

御朱印DATA

時間 9:00～16:00
通年 1種類
郵送 可（FAX・郵便※ハガキ、封書など書面が残るもので申込み）
URL https://ichihime.net/

五条　TEL 075-361-2775

㊟ 京都市下京区河原町五条下ル一筋目西入ル　㊕ 9:00～16:00　¥ 境内自由
㊋ 市バス河原町五条正面から徒歩3分
㊡ 無休　Ⓟ なし

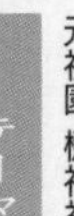
一部不可

これは珍しい！ ご祭神全てが女神様

全国的にも珍しく、「女人厄除け」の神様を祀る神社で、女性の厄を除け、良縁、子授け、安産など、女性にまつわる諸願にご利益があるのだそう。また、「皇后陛下勅願所」として、歴代の皇后様方々も篤く崇敬してこられました。

注目！　姫みくじ

素朴で愛らしい姿で、神社のマスコット的存在になっているおみくじ

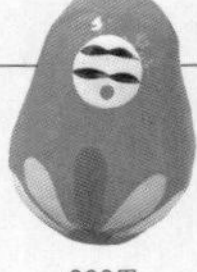
900円

耳ヨリ！POINT　☑ 美しい菊の押印が目をひく

美麗祈願

河合神社

下鴨神社
P.174

◎美麗、美容、美しさ
◎心の美しさ

214　御朱印（河合大明神）

- 500円
- 通年

河合神社は美麗の神・玉依姫命（たまよりひめのみこと）を祀る"美"のパワースポット。御朱印には下鴨神社と同様に、二葉葵の押印がポンッと押される。授与していただいたら、時折眺めて美意識をUPさせるのもいい！

きれいになぁれと願って
絶対欲しい美御朱印

美しさに磨きをかける

御朱印DATA

時間 9:00～16:30
通年 1種類
限定 なし
郵送 不可
URL https://www.shimogamo-jinja.or.jp/bireikigan/

御祭神の美パワーで身も心も清らかに

下鴨神社の摂社の中で一番大きい河合神社は、女性の美を応援する社。祈願をすれば、外見だけでなく心も美しくなれるといわれています。参拝が終わったら、美肌・美白効果があるといわれる「美人水」で、美パワーをたっぷりチャージしましょう。

下鴨神社

TEL 075-781-0010（下鴨神社）
㊟ 京都市左京区下鴨泉川町59 ㊕ 6:30～17:00 ¥ 境内自由 ㊋ 市バス下鴨神社前から徒歩5分 ㊡ 無休 Ⓟ 100台（有料）

注目！ 鏡絵馬

美人祈願ができる絵馬を、自分のメイク道具でかわいく変身させる！

800円

耳ヨリ！POINT ☑ 祈りを込めた力強い御朱印

美麗祈願

215　美御前社朱印

- 300円
- 通年

八坂神社の境内末社。美御前社は、心身の美徳を得られるといわれ、舞妓さんや理容・美容関係者からも篤く信仰されている。御祭神である3人の美女神を表すかのような清らかな御朱印がいただける。

美御前社（うつくしごぜんしゃ）

八坂神社（やさかじんじゃ）

◎美徳成就
◎美肌、美人祈願

舞妓さん御用達!?
女性に大人気の美の神様

御朱印DATA

- 時間　9:00〜18:00
- 通年　13種類
- 限定　4種類
- 郵送　可（HPの申込書に記入のうえ、郵送で申込み）
- URL　http://www.yasaka-jinja.or.jp/about/utukushisha.html

祇園

TEL 075-561-6155（八坂神社）

㊟ 京都市東山区祇園町北側625　㊐ 境内自由（授与所9:00〜18:00）　¥ 境内自由　㊋ 市バス祇園からすぐ　㊡ 無休　Ⓟ なし

美のパワースポットで はんなり京美人に

美御前社は、宗像三女神（むなかたさんじょしん）と呼ばれる美を司る女神を祀っている社。授与品のひとつの美守（うつくしまもり）は、女性の美しさを叶えてくれるお守りです。美への意識を高め、美容方面の技術向上を祈願する、理容美容感謝祭が毎年11月第3月曜に行われます。

注目!　美容水

社殿脇に湧く神水。2〜3滴肌につけると身も心も美しくなるとか

耳ヨリ! POINT　☑ 女神のような美しさを目指す人にイチオシの一体

美麗祈願

御寺(みてら) 泉涌寺(せんにゅうじ) 楊貴妃観音堂(ようきひかんのんどう)

◎美人祈願
◎縁結び、良縁祈願

216 楊貴妃観音御朱印

- 300円
- 通年

「美人になりたい」と願う女性に人気の楊貴妃観音の御朱印。霊明殿や弥勒菩薩などの御朱印とともに本坊内でいただける。御朱印帳や御朱印袋など、様々なデザインの授与品にも注目したい。

観音様の美しさ、見習いたい…!

御朱印DATA

時間 9:00〜16:30（12月〜2月は〜16:00）
通年 2種類（霊明殿、各札所朱印）
郵送 不可
URL https://www.mitera.org/

京都駅周辺 TEL 075-561-1551

㊟ 京都市東山区泉涌寺山内町27 ㊕ 9:00〜16:30（12月〜2月は〜16:00）㊎ 500円（特別参拝300円）㊋ 市バス泉涌寺道から徒歩10分 ㊡ 無休 ㊭ 20台

絶世の美女の面影を偲んで

泉涌寺内にある、洛陽三十三観音霊場20番札所の観音堂。絶世の美女、楊貴妃の面影を写したと伝えられる聖観音像が祀られており、縁結び、美人祈願、安産などを祈願する女性から信仰を集めています。神秘的なお姿に思わずうっとりします。

美人祈願 貝御守り

コロンとした形が愛らしく人気の、美人祈願の貝御守り

常に美しくありたい!

500円

耳ヨリ! POINT ☑ 珍しいデザインの菊紋入り

写真提供：御寺 泉涌寺

美麗祈願

若宮八幡宮社

〉P.134

◎美人祈願
◎縁結び

217 御朱印（若宮八幡宮）

- 300円
- 通年

シンプルな若宮八幡宮社の御朱印は右上の押印に注目！よく見ると「八」の字が向かい合う鳩で構成されている。鳩は八幡神のお使いとされる神聖な存在。可愛いワンポイントにキュンとする。

「八」の文字が2羽の鳥に細やかなデザインが素敵

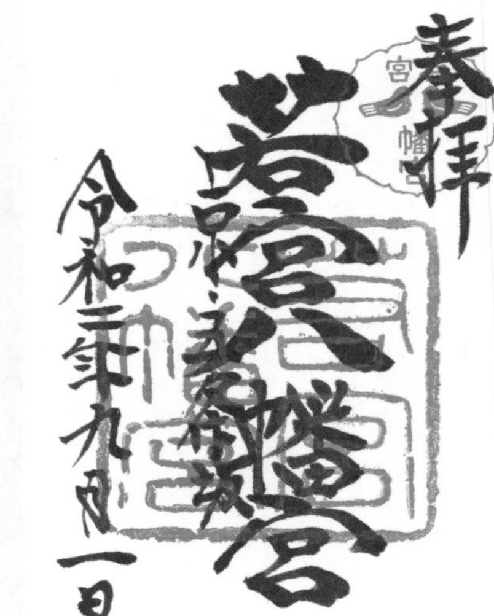

御朱印DATA

時間 9:00〜17:00
通年 4種類
郵送 不可
URL https://wakamiya-hachimangu.jp/

清水寺周辺 TEL 075-561-1261

㊟ 京都市東山区五条橋東五丁目480 ㊋ 境内自由 ¥ 境内自由 ㊯ 市バス五条坂から徒歩3分 ㊡ 無休 Ⓟ なし

女子力アップを祈願！心身ともに美しく

美貌の神様である神宮皇后を御祭神に祀る神社。御影石（みかげいし）にはめ込まれた大きな鏡は、本当の美しさを映し出すといわれています。自分を振り返って、身も心も美しく過ごすためのきっかけになりそう。最近話題のハート型の神石も探してみて。

美の鏡御守

鳩がデザインされた可愛らしいコンパクト鏡のお守り。巾着袋付

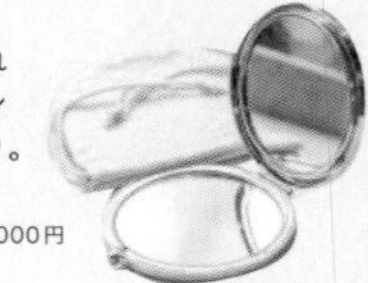

2000円

耳ヨリ！POINT ☑ 正確で美しい筆致

健康

護王神社

◎足腰の健康
◎足腰の病気怪我回復

218 御朱印（護王神社・手書き）

- 500円
- 通年

護王神社の御祭神「和気公」の名が記された御朱印。「護王神社」と大きく書かれた一面が赤い押印はインパクト大。御神木であるカリンの木とイノシシが刺繍された御朱印帳も人気。

足腰の守護といえばココで決まり

御朱印DATA

時間 10:00〜16:00
通年 2種類（手書き、貼付用）
郵送 不可
URL http://www.goooujinja.or.jp/

京都御所周辺 TEL 075-441-5458

住 京都市上京区桜鶴円町385 時 6:00〜21:00（社務所9:00〜17:00） ¥ 境内自由 交 市バス烏丸下長者町からすぐ 休 無休 P あり

狛いのししが有名！別名「いのしし神社」

平安京建都に貢献した和気清麻呂を祀る神社。珍しい霊猪像（狛いのしし）が出迎えてくれることから、いのしし神社として親しまれています。足腰守護のご利益を求めて大勢の人々が参拝しており、スポーツ選手にも人気なのだとか！

注目！ 足萎難儀回復の碑

足形の石の上に乗ったり、碑をさすったりして足腰の健康を願う

耳ヨリ！POINT ☑ 独特な書体の「護王神社」の押印がGOOD！

健康

新熊野神社

◎健康長寿
◎病魔退散

219 健康長寿病魔退散

- 300円
- 通年

カラス文字が特徴的なデザインの御朱印が４種類授与していただける。御朱印を一度に２つ以上いただくと、熊野詣にちなんだ「ナギの葉入りのしおり」まで授与していただけるのは嬉しいポイント。

御朱印DATA

時間 8:00〜17:00
通年 4種類
限定 京都16社朱印めぐりで授与（1月1日〜2月15日）
郵送 不可
URL http://imakumanojinja.or.jp/

平安時代創建、京の熊野信仰の中心地

熊野詣が盛んな平安後期に後白河上皇が平清盛に命じて霊地熊野を再現した神社。境内の大楠は、後白河上皇のお手植えと伝わる霊験あらたかな大木です。観阿弥・世阿弥父子が足利義満の面前で「猿楽」を披露した地としても有名なんです。

京都駅周辺 TEL 075-561-4892

㊟ 京都市東山区今熊野椥ノ森町42 ㊍ 8:00〜17:00 ¥ 境内自由 ㊋ 市バス今熊野から徒歩3分 ㊡ 無休 Ⓟ あり

＼注目！／ 影向の大樟

樟龍弁財天として信仰を集める樹齢900年を誇る神聖な大楠

耳ヨリ！POINT ☑ 翼を広げたカラスが愛らしい！

220　京都十二薬師

- 300円
- 通年

薬壺を持っていることから、病気平癒のご利益があるという薬師如来。その薬師如来を表す梵字を蓮華座に載せ、後光を組みあわせた形の印が押印された御朱印。持っているだけでご利益がありそう。

健康

平等寺（びょうどうじ）

因幡薬師（いなばやくし）

P.247

◎病気平癒
◎無病息災

京都十二薬師霊場巡り第一番札所の御朱印！

御朱印DATA

- 時間　8:00～16:00
- 通年　4種類（京都十二薬師、日本三如来、洛陽三十三観音、京都十三仏）
- 限定　甲子の日（60日に1回）限定「大黒天」
- 郵送　不可
- URL　https://inabado.jp/

烏丸　TEL 075-351-7724

㊟京都市下京区因幡堂町728　㊕8:00～16:30　¥境内自由　㊇市バス烏丸松原からすぐ　㊡無休　Ⓟなし

がん封じの信仰が篤いお薬師様にご挨拶

街中にあり、病を得た人の拠り所として人々に信仰されてきた平等寺。古くは不治の病と思われていたがん、それを患った多くの人々が、最後すがったのがこの因幡薬師でした。御本尊は特に「がん封じ」の薬師如来として崇敬を集めています。

注目！　御朱印帳

京都十二薬師霊場会のオリジナル御朱印帳。10ヶ寺で色が異なる

縁起がいい瓢箪柄

3000円（数量限定）

耳ヨリ！POINT　☑ 京都十二薬師霊場はここから始まる！

健康

仲源寺

めやみ地蔵

◎眼病平癒
◎健康

221 御朱印（目疾地蔵尊）

- 300円
- 通年

中央の押印は梵字をかたどったものと「雨奇晴好（うきせいこう）」の字。寺院の縁起にもある仏教の教えで、降るもよし、晴れるもよし、良悪どちらにもとらわれず日々を生き抜く、という意味がある。

目を酷使している人はぜひ参拝を！

御朱印DATA

時間 9:00～16:00
通年 2種類（本尊めやみ地蔵尊、千手観音様）
郵送 可（電話で申込み）

祇園 TEL 075-561-1273

㊟ 京都市東山区祇園町585-1 ㊕ 7:00～17:00 ㊎ 境内自由 ㊛ 京阪祇園四条駅から徒歩3分 ㊡ 無休 Ⓟ なし
※トイレなし

かつての名は「雨止み地蔵」

目の健康にご利益があるとされ、多くの人が手を合わせるめやみ地蔵。元々は「雨止み」地蔵と呼ばれていました。「鴨川の氾濫を防ぐお告げをした」「八坂神社などに向かう参拝者が雨宿りした」など、由来は諸説あるようです。

注目！ めやみ地蔵尊御守

パソコンや携帯など目を酷使する時代にありがたい目のお守り

500円

耳ヨリ！POINT ☑ 目疾（もくしつ）と書いてめやみと読む

疫病除け

圓徳院

P.163

◎出世
◎夢を叶える

222　新型コロナウイルス退散御朱印

- 無料（要拝観料）
- 期間限定

中央に力強く疫病退散の文字。新型コロナウイルス感染症の早期収束を願い、本堂にて無料で授与されている。多くの人に愛され慕われた寧々の心根が今も息づき、世の中の動揺を鎮めてくれそう。

必ず手に入れてコロナに打ち勝ちたい！

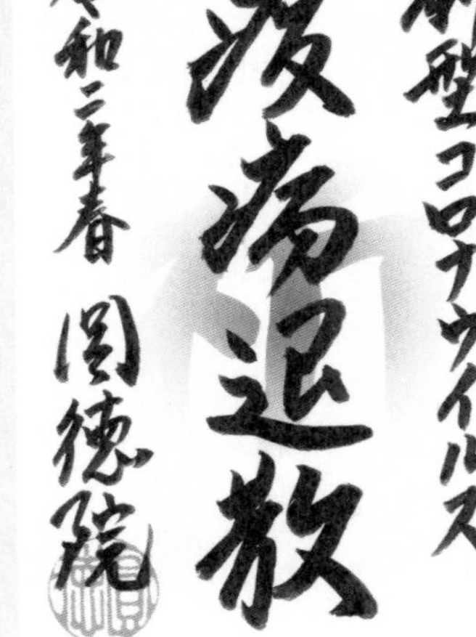

御朱印DATA

時間 10:00〜17:00

通年 4種類（安寧、豊福、食べる御朱印、新型コロナウイルス退散御朱印）

郵送 可（HPからメール・FAXで申込み）

URL https://www.kodaiji.com/entoku-in/

北政所寧々ゆかりの高台寺塔頭寺院

豊臣秀吉の妻、寧々が晩年を過ごしたことで有名な、高台寺の塔頭寺院です。寧々はここから秀吉の菩提寺である高台寺に日参していたのだとか。秀吉との思い出が残る伏見城から移された庭園には現在も多くの人が訪れています。

清水寺周辺　TEL 075-525-0101

㊟ 京都市東山区下河原町530　㊋ 10:00〜17:00　¥ 500円　㊂ 市バス東山安井から徒歩7分　㊡ 無休　Ⓟ 高台寺の駐車場を利用

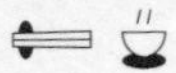

注目！

献茶点前

秀吉公ゆかりの神仏への献茶点前 1500円（記念扇子付）

秀吉が古田織部に考案させた、「武士の茶道」を体験できる

耳ヨリ！POINT　☑ 大きな「祈」の文字に心からの願いを感じる

疫病除け

疫神社（えきじんじゃ）

八坂神社（やさかじんじゃ）

◎ 疫病除け

223 御朱印（疫神社）

- 300円
- 通年

八坂神社の摂社のため、八坂神社の神紋が押印されている。疫病除けのご神徳をいただける神社なので、新型コロナウイルス感染症が猛威を振るう今、注目度が急上昇中！疫病退散への祈りを込めよう。

疫病除けの神様でパワーをチャージ

御朱印DATA

- 時間 9:00〜18:00
- 通年 13種類
- 限定 4種類
- 郵送 可（HPの申込書に記入のうえ、郵送で申込み）
- URL http://www.yasaka-jinja.or.jp/event/ekijin.html

祇園

TEL 075-561-6155（八坂神社）

㊟ 京都市東山区祇園町北側625 ㊕ 境内自由（授与所9:00〜18:00） ¥ 境内自由 ㊇ 市バス祇園からすぐ ㊡ 無休 Ⓟ なし

コロナの収束を願って大きな茅の輪をくぐる

疫病・厄除けの神様・蘇民将来（そみんしょうらい）を祀る神社。「旅で路頭に迷った素戔嗚命（すさのをのみこと）に宿を貸した蘇民将来。その礼として茅の輪を身につけるよう教えられ、子孫に至るまで疫病を免れることを約束された」という故事から、無病息災を叶える社として有名です。

注目！ 夏越祭（なごしさい）

7月31日、鳥居に設置される直径2mの茅の輪をくぐり穢れを祓う！

耳ヨリ！POINT ☑ 病に打ち勝つパワフルな御朱印

金運

御金神社（みかねじんじゃ）

◎金運上昇
◎金融関係、相場関係

224
金運金箔御朱印

- 1000円　- 通年

金運アップにご利益があるとされる数量限定の御朱印。金のイチョウは、職人が手作業で仕上げたもの。

225
御朱印（御金神社）

- 300円　- 通年

金色の境内に負けじと、キラキラの「金」の字が入った御朱印。御朱印はすべて書置きのみでの扱い。

ご利益に期待！
キラキラの眩い御朱印

ま、まぶし〜

すべての金属類を護るお金の神様

金属、鉱石などの守り神とされる金山毘古命（かなやまびこのみこと）を祀っています。金運・招福・開運のご利益を求めて訪れる人々をまず出迎えてくれるのは、黄金色に輝く鳥居。金の鈴緒を鳴らして参拝した後には、金色づくしの授与品も手に入れたいですね。

御金みくじ

末広がりの縁起物、イチョウ形のおみくじ。「大大吉」も出る

300円

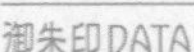

御朱印DATA

- 時間　10:00〜16:00（土・日曜、祭日は〜18:00）※年末年始は変更
- 通年　2種類（通常御朱印、金運金箔御朱印）
- 限定　お正月限定御朱印 ※2021年は授与未定
- 郵送　不可
- URL　https://mikane-jinja.or.jp/

二条城周辺　TEL 075-222-2062

㊟ 京都市中京区押西洞院町614　㊕ 境内自由（社務所10:00〜18:00）　¥ 境内自由　㊋ 地下鉄烏丸御池駅から徒歩5分　㊡ 無休　Ⓟ なし

耳ヨリ！POINT　☑ 金色のイチョウや鳥居のマークで気持ちも上がる！

仕事運

伏見稲荷大社

P.175

◎商売繁昌、事業の繁昌
◎家内安全、家族の健康

226 御朱印（伏見稲荷大社）

- 300円
- 通年

伏見稲荷大社の御朱印は、本殿横の授与所、奥社奉拝所、御膳谷奉納所（稲荷山）でそれぞれいただける計3種類。のんびりとお山めぐりを楽しみながら、御朱印を授与いただきたい。

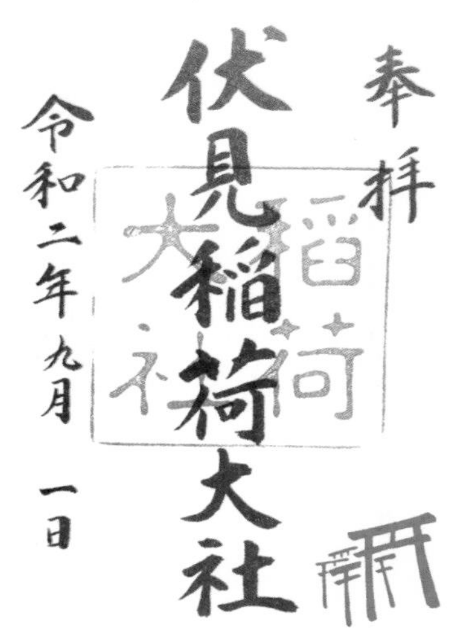

稲荷神社の総本宮にご挨拶

※2020年11月現在は書置きのみの扱い（絵の印字あり）
※手書きの場合、筆致など見た目が変わります

御朱印DATA

時間 本殿横授与所8:30〜16:30、奥社奉拝所・御膳谷奉拝所9:00〜15:30※土日は変動の可能性あり

通年 3種類（伏見稲荷大社、奥社奉拝所、御膳谷奉拝所）

郵送 不可

URL http://inari.jp/

伏見　TEL 075-641-7331

住 京都市伏見区深草薮之内町68　時 境内自由　¥ 境内自由　交 JR稲荷駅からすぐ　休 無休　P 170台（普通車専用）

お山めぐりで気持ちをグッと引き締める

全国各地に3万社ある「稲荷神社」の総本宮。稲荷山全体が神域となっており、その峰を巡拝するお山めぐりが人気です。千本鳥居を抜けた先から始まる約4km、およそ2時間のコースにも鳥居が建ち並び数多くのお塚が祀られています。

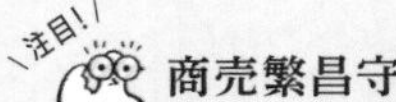

商売繁昌守

上品な金色のお守り。商運アップのご利益が沢山詰まっていそう

800円

耳ヨリ! POINT ☑ 3種類いただくとお山めぐりの達成感が!

出世

満足稲荷神社（まんぞくいなりじんじゃ）

P.246

◎商売繁盛
◎病気平癒

227
満足稲荷御朱印

- 500円　- 通年

赤いキツネの押印が特徴的な御朱印。毎月17日にはキツネの色が白色に変わるので、そちらにも注目。

228
御神木・岩神さまの御朱印

- 300円　- 通年

御神木である樹齢400年のもちの木と、岩神さんと呼ばれる磐座（いわくら）のイラストが目をひく色彩豊かな御朱印。

満足稲荷を象徴する
2つの御朱印

御朱印DATA

時間	9:00～17:00
通年	2～3種類
限定	もちの木の実がなる季節限定のものなど数種
郵送	可(HPのWEB STOREで申込み)
URL	https://www.manzokuinari.com/

平安神宮周辺　TEL 075-771-3035

㊟ 京都市左京区東門前町527-1　㊋ 7:00頃～17:00頃　¥ 境内自由　㊇ 地下鉄東山駅から徒歩3分　㊡ 無休　Ⓟ なし

個性的な社号は秀吉に由来あり!?

満足稲荷は、伏見稲荷大社の祭神・倉稲魂大神（うがのみたまのおおかみ）を豊臣秀吉が伏見桃山城の守護神として勧請したことに始まる神社です。秀吉はそのご加護に“大満足”！されたそうで、それが由来となって「満足稲荷」という呼称がつけられました。

御朱印帳「幟（のぼり）」

境内の幟生地が表紙になっている。絵柄と文字の位置はランダム

各2000円

耳ヨリ! POINT　☑ 狛狐の押印がアクセントに

出世

出世稲荷神社

◎開運出世
◎衣食住

229　御朱印（出世稲荷神社）

- 300円
- 通年

まあるい大きな出世鈴の朱印がインパクト大！中には豊臣秀吉のゆかりを示す「豊太閤(ほうたいこう)御創立」と、「出世宮」という文字が書かれている。出世を願う人はマストでいただきたい一体。

秀吉公のように出世したい！

御朱印DATA

時間 9:00〜17:00
通年 1種類
郵送 可（HPからメール・電話・FAXで申込み）
URL https://syusseinari.or.jp/

大原　TEL 075-744-4070

㊟ 京都市左京区大原来迎院町148 ㊔ 9:00〜17:00 ㊎ 境内自由 ㊋ 京都バス大原から徒歩15分 ㊡ 無休 Ⓟ なし

10種類の福を授かれるありがたい神社

豊臣秀吉が邸宅・聚楽第(じゅらくだい)の造営時に、日頃より信仰していた稲荷神社を邸内に勧請したのが始まり。出世開運の神様として篤い信仰を集め、江戸時代後期には300本を超える数の鳥居が奉納されたとか。秀吉公の出世力にぜひともあやかりましょう。

出世鈴

700円

キュートな2つセットの鈴形のお守り。中には10種の御神徳が

耳ヨリ！POINT ☑ 縁起のいいふくよかな出世鈴の印

京都熊野神社（きょうとくまのじんじゃ）

◎勝利への導き ◎身体健全

P.070
P.247

八咫烏パワーで勝利の運気急上昇！

230 八咫烏（やたがらす）の御朱印

- 500円 - 通年

導きの神として信仰される八咫烏が羽ばたくクールな御朱印。八咫烏がデザインされるオリジナル御朱印もあるので手に入れたい。

御朱印DATA

時間 9:00～17:00
通年 4種類
郵送 不可

サッカー好き必見 八咫烏に守られる社

日本で最初の夫婦神・伊弉冉尊（いざなみのみこと）と伊弉諾尊（いざなぎのみこと）をはじめとした五柱の神を祀る。御祭神に仕える八咫烏は、勝利への願いを込めて日本サッカーのシンボルになっています。

聖護院

TEL 075-771-4054

㊟京都市左京区聖護院山王町43 ㊍7:00～17:00 ¥境内自由 ㊛市バス熊野神社前からすぐ ㊡無休 Ⓟなし

雑太社（さわたしゃ）（下鴨神社（しもがもじんじゃ））

◎球技上達 ◎競技の勝利

ラグビーの聖地で力強い御朱印をいただく

231 御朱印（雑太社）

- 500円 - 通年

2019年のラグビーワールドカップを記念していただけるようになった。駆け抜けるラガーマンを彷彿とさせる力強い御朱印。

御朱印DATA

時間 9:00～16:30
通年 1種類
郵送 不可
URL https://www.shimogamo-jinja.or.jp/rugby/

「第一蹴の地」で 球技上達のご利益を

雑太社前の糺（ただす）の森馬場にて、関西で初めてラグビーが行われたことから「第一蹴の地」として知られています。勝利への願いを叶える絵馬もラグビーボールの形です。

下鴨神社

TEL 075-781-0010（下鴨神社）

㊟京都市左京区下鴨泉川町59 ㊍6:30～17:00 ¥境内自由 ㊛市バス下鴨神社前から徒歩5分 ㊡無休 Ⓟ100台（有料）

耳ヨリ! POINT ☑トライを目指すラグビー御朱印

芸能

芸能神社（車折神社）

◎芸能・芸術上達
◎芸能・芸術活動の運気

232　御朱印（芸能神社）

- 300円　- 通年

御祭神「天宇受売命（あめのうずめのみこと）」は、陽気な踊りの女神。芸能・芸術上達を願う人から篤い信仰を集める芸能神社へお参りしよう。

大きな「藝能神社」の朱印が目をひく！

御朱印DATA

時間 9:00〜17:00
通年 2種類
郵送 可（電話・FAX で申込み）
URL http://www.kurumazakijinja.or.jp/

嵯峨野　TEL 075-861-0039

㊓ 京都市右京区嵯峨朝日町23　㊕ 9:00〜17:00　¥ 境内自由　㊛ 嵐電車折神社駅からすぐ　㊡ 無休　Ⓟ 20台（16:30閉鎖・施錠）

ずらっと並ぶ赤い玉垣は圧巻

車折神社の境内末社。参拝者が自分の名前などを記した朱塗りの玉垣が4000枚以上ずらりと奉納されています。中には有名芸能人の名前も！

誓願寺（せいがんじ）

P.227

◎芸道上達
◎女人往生

233　洛陽三十三所観音霊場の朱印

ほれぼれするような流麗な筆はこび

- 300円　- 通年

本尊右脇に十一面観音菩薩像を祀る誓願寺。観音菩薩は慈悲をつかさどる菩薩で、衆生を救済することから大悲観音とも呼ばれる。

古くから愛され続ける「街の中にあるお寺」

芸道上達のご利益は、世阿弥作の謡曲「誓願寺」の中で、和泉式部が歌舞の菩薩となって現れることに由来しています。

注目！　**阿弥陀如来像**

本堂に御本尊として安置。鎌倉から南北朝時代の作品とされる

耳ヨリ！POINT　☑ 菩薩の大きな慈悲が身近に感じられる

明智光秀ゆかりの御朱印

ドラマで話題の明智光秀。丹波の国平定や本能寺の変、その最期に至るまで、京都に刻まれた彼の足跡を御朱印とともにたどってみては。

光秀ゆかりの城にも“御城印”！

勝龍寺城御城印（通常版）

-300円　-通年

本能寺の変の後、山崎の戦いで羽柴（豊臣）秀吉と対峙していた光秀が、最期の夜を過ごした勝龍寺城。光秀の娘・玉（ガラシャ）が嫁ぎ、居城にもなっていたため「ガラシャゆかりの城」と書かれた御城印が販売されている。

勝竜寺城公園

長岡京　TEL 075-955-9515（長岡京市商工観光課）

㊟ 長岡京市勝竜寺13-1　㊕ 9:00～18:00（11月～3月は～17:00）　㊎ 無料　㊈ JR長岡京駅から徒歩10分　㊡ 12月28日～1月4日　Ⓟ なし

御城印DATA

時間 9:00～17:00（12月から水曜休）
通年 2種類　**郵送** 不可
販売 長岡京市観光情報センター、長岡京市観光案内所、長岡京＠Navi

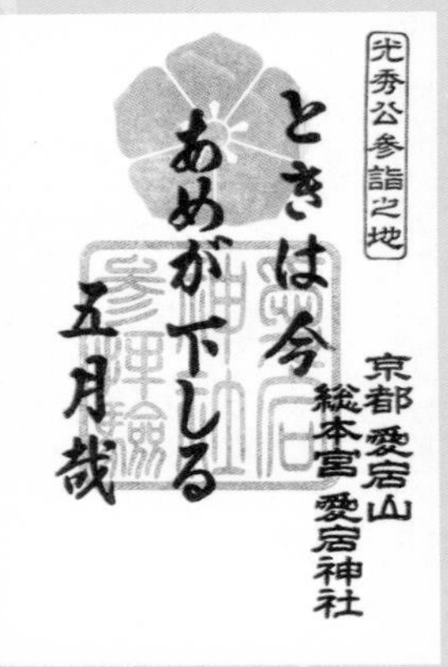

「いざ信長討伐」の決意！?

光秀公御朱印

-300円　-通年

光秀が掲げていたという「土岐桔梗紋」が鮮やか。書かれているのは光秀が愛宕神社で詠んだ句で、どことなく信長討伐の意志が感じられる。本能寺の変の挙兵前には、社前で繰り返しくじを引いたという逸話も。

愛宕神社 ＞P.131

愛宕山上　TEL 075-861-0658

㊟ 京都市右京区嵯峨愛宕町　㊕ 9:00～16:00（冬期は～15:00）　㊎ 境内自由　㊈ 京都バス清滝から徒歩120分　㊡ 無休　Ⓟ なし

御朱印DATA

時間 9:00～16:00（冬期は～15:00）
通年 3種類
限定 1種類　**郵送** 不可
URL http://atagojinjya.jp/

明智の桔梗紋入り

御本尊不動明王の御朱印

-300円　-通年

夏に亡くなった光秀を偲ぶかのように、6月下旬から7月にかけて、光秀ゆかりの谷性寺の参道付近は桔梗の花に彩られる。御朱印にも、桔梗の花がつつましやかに咲いている。

谷性寺

亀岡　TEL 0771-26-2054(Fax兼)

㊟ 亀岡市宮前町猪倉土山39　㊕ 9:00〜17:00　¥ 境内自由　㊋ 京阪京都交通バス猪倉から徒歩5分　㊡ 無休　Ⓟ 4台

御朱印DATA

時間 9:00〜17:00(住職不在の場合は書置きのみ。帳面に直接授与の場合は事前連絡が望ましい)

通年 1種類　**郵送** 可（FAXで申込み）

くろみつ大雄尊の御朱印

-300円　-通年

眼光鋭い光秀の像・くろみつ大雄尊が押された御朱印。この像は、逆臣の汚名からか漆黒に塗られているが、光秀を善政の名君として称えるこの地の民の手で守り伝えられた。

慈眼寺

一部可

周山　TEL 075-852-0213

㊟ 京都市右京区京北周山町上代4　㊕ 10:00〜16:00　¥ 境内自由（釈迦堂は300円）　㊋ 西日本JRバス周山から徒歩5分　㊡ 火〜金曜（住職在寺時、または要予約で拝観可）　Ⓟ あり

御朱印DATA

時間 10:00〜16:00　**通年** 2種類

限定 1種類（数量限定）

郵送 可（電話で申込み。特別な事情がある場合に限る）

URL http://jigenji.kyoto/

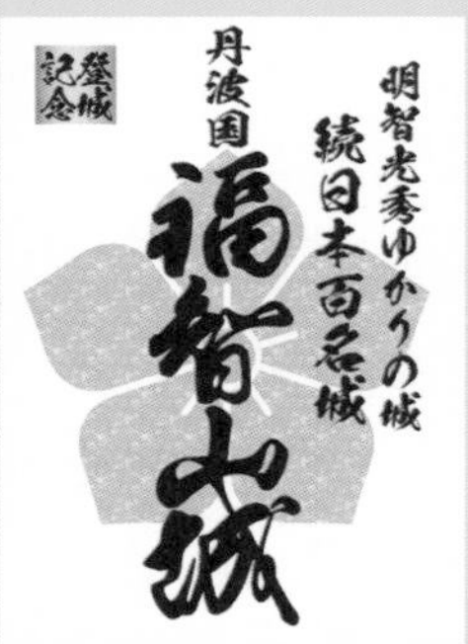

光秀が築いた城の御城印

福知山城御城印

-300円　-通年

丹波の国を平定した光秀が、拠点として築いた福知山城の御城印。紙面いっぱいに桔梗の花があしらわれている。

御城印DATA

時間 9:00〜16:30

通年 1種類

郵送 不可

福知山城

福知山

TEL 0773-23-9564

㊟ 福知山市字内記5　㊕ 9:00〜16:30　¥ 330円　㊋ JR福知山駅から徒歩15分　㊡ 火曜、12月28日〜31日、1月4日〜6日（2021年3月までは無休）　Ⓟ 70台（ゆらのガーデン）

234 敦盛御朱印

- 500円
- 通年

人間の命は短く儚いもの、滅ばない者などない――。御朱印に記されている『敦盛』の有名な一節には、そんな無常観が表れています。桶狭間の戦いに出陣する前、信長がこの仕舞を舞ったのだとか。

ええ眺めの神社やで〜

信長マインド全開！
諸行無常を噛み締める

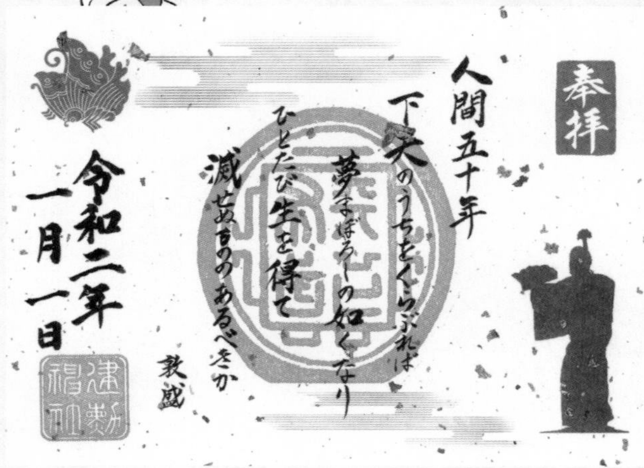

歴史

建勲神社（けんくんじんじゃ）

P.144
P.180
P.243

［織田信長］

御朱印DATA

時間 9:00〜17:00
通年 4種類
限定 2種類
郵送 不可
URL http://kenkun-jinja.org/

紫野 TEL075-451-0170

㊟ 京都市北区紫野北舟岡町49 ㊕ 境内自由（社務所9:00〜17:00） ¥ 境内自由 ㊇ 市バス建勲神社前から徒歩9分 ㊡ 無休 Ⓟ なし

山頂で京の街を一望 天下人気分はいかが？

「けんくん」神社と呼ばれ親しまれていますが、実は「たけいさお」神社が正式。都の北を守るようにそびえる船岡山の山頂で、信長を祀っています。山上からの眺めは抜群。天下人気分で大文字山や比叡山を望み、市街を見渡してみては。

注目！ 天下布武刀剣守り（てんかふぶとうけん）

天下人・信長の名刀にちなんだお守り。未来を切り拓くお供にどうぞ

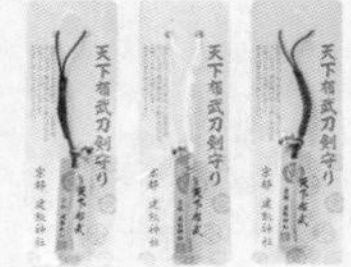

各600円

耳ヨリ！POINT ☑ きらびやかな箔押しの台紙

本能寺

P.242

［織田信長］

235　御朱印（妙法）

- 300円
- 通年

妙法の字とともに押印されている寺紋の結び雁金(かりがね)は、よく見るとどことなくユニークな顔立ち。右下にはこの寺院で命を落とした信長の家紋である織田木瓜(おだもっこう)と、信長の名前も押されている。

本能寺の変を思わせるダイナミックさと儚さが共存

御朱印DATA

- 時間　9:00～17:00
- 通年　2種類
- 郵送　不可
- URL　http://www.kyoto-honnouji.jp/

河原町　TEL 075-231-5335

㊟ 京都市中京区下本能寺前町522　㊕ 6:00～17:00（大寶殿宝物館は9:00～16:30最終受付）　¥ 境内自由（大寶殿宝物館は500円、展示により料金は異なる）　㊯ 地下鉄京都市役所前駅からすぐ　㊡ 無休　Ⓟ 20台（有料）

一部不可

天下人の最期は謀反の炎に包まれて

信長が常宿としていた頃は、広大な寺域を堀などで囲んだ城郭構えで、都随一の大寺院でした。しかし明智光秀が本能寺の変を起こし、大伽藍は信長とともにことごとく灰に。その後も災難に見舞われつつ、再興を繰り返して現在に至ります。

＼注目！／　信長公廟(のぶながこうびょう)

事変後すぐに建てられたお墓。信長の太刀も納められている

耳ヨリ！POINT　☑ 中央の印の寺紋「結び雁金」

歴史

高台寺

P.132
P.162

［豊臣秀吉］

暗闇で光る!?
ユニークな御朱印がいっぱい

236

夜間特別朱印「仏身充満」

- 300円　- 期間限定

光源に当てると暗所で光る御朱印。「仏身充満」には、常に仏様を身近に感じ、暗い夜でも安らかに過ごせるようにとの願いが込められている。

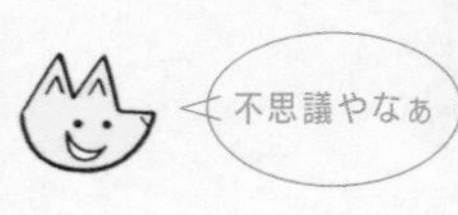

237

高台寺朱印「佛心」/高台寺天満宮朱印「夢」

- 300円　- 通年

左：「三宝印」と豊臣家の家紋「五七桐」が押印／右：ねねスタンプが押印

御朱印DATA

時間 9:00～16:30
通年 3種類
限定 4種類以上※季刊限定
郵送 不可
URL https://www.kodaiji.com/

清水寺周辺　TEL 075-561-9966

住 京都市東山区高台寺下河原町526　時 9:00～17:00　¥ 600円　交 市バス東山安井から徒歩7分　休 無休　P 100台

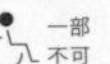
一部不可

夫婦円満をお祈り！秀吉とねねゆかりの寺

豊臣秀吉の正室・ねねが、夫の死を弔い開創したお寺。大名茶人・小堀遠州により桃山時代に作庭されたとされる池泉回遊式庭園や白砂が美しい枯山水庭園「波心庭」など魅力的な庭園を有しています。趣の異なる2つの名庭を訪れてみませんか。

注目！

水面に映える夜モミジ

臥龍池ではライトアップされたモミジが鏡のような水面に映り込む

耳ヨリ! POINT ☑ 愛らしい表情のねねちゃんスタンプ

歴史

豊国神社
［豊臣秀吉］

238 豊国神社御朱印

- 300円
- 通年

上部には神紋の「太閤桐」、左下には「登よ國のやしろ」と書かれた「千成瓢箪」、中央には「出世開運 豊國神社」と書かれた「桐の葉」の朱印が。秀吉の月命日にあたる18日には桐紋印が金色に！

太閤のシンボルマーク「五七桐」と「ひょうたん」

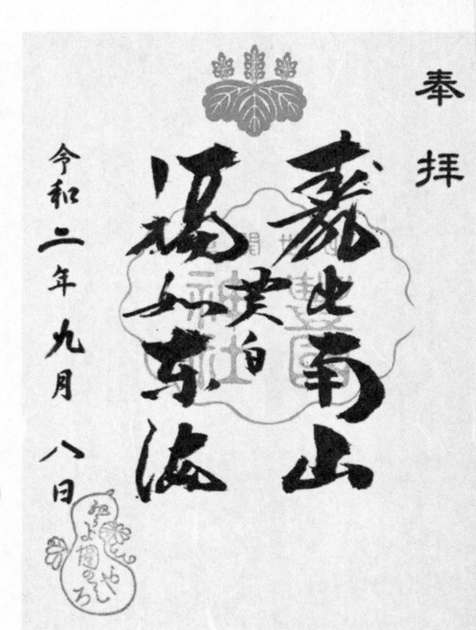

秀吉公のひょうたんや

御朱印DATA

- 時間 9:00〜17:00
- 通年 3種類
- 限定 4種類
- 郵送 不可
- URL https://twitter.com/toyokunishrine (@toyokunishrine)

京都駅周辺 TEL 075-561-3802

㊟京都市東山区茶屋町530 ㊋境内自由（宝物館9:00〜16:30） ¥境内自由（宝物館300円） ㊜市バス博物館三十三間堂前から徒歩5分 ㊡無休 Ⓟ15台

華麗な唐門がお出迎え 秀吉公、此処にあり

秀吉公を祀る全国の豊国神社の総本社。徳川家康によって一時廃社となるも、1880(明治13)年に復興を果たしました。国宝の壮麗な唐門は、まるで派手好きな秀吉公を象徴するようです。秀吉公の貴重な遺品が収蔵されている宝物館はマストで鑑賞を。

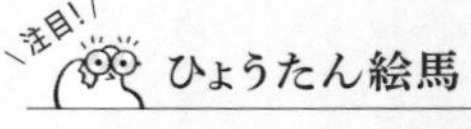

ひょうたん絵馬

秀吉公が合戦の馬印に用いた「ひょうたん」が絵馬に

立身出世祈願！

500円

耳ヨリ！POINT ☑ 太閤ゆかりの朱印が充実

清浄華院［安倍晴明］

239 御朱印 安倍晴明

- 300円
- 通年

清浄華院に祀られている泣不動尊の縁起を描いた絵巻の中で、かの有名な陰陽師・安倍晴明が活躍する。御朱印の押印となっているのは絵巻の一場面で、晴明が祈祷をしているところ。

絵巻の晴明から感じるパワフル陰陽パワー！

御朱印DATA

- 時間 9:30〜16:30
- 通年 4種類
- 限定 2種類
- 郵送 可(HPからメール・電話で申込み。特別な事情がある場合に限る)
- URL http://www.jozan.jp/

京都御所周辺 TEL 075-231-2550

㊟ 京都市上京区北之辺町395 ㊋ 9:00〜17:00 ¥ 賽銭をお供えください
㊍ 市バス府立医大病院前から徒歩5分
㊡ 無休 Ⓟ あり

晴明のいわれをまとう泣不動尊像にお参り

大殿の一角に祀られる泣不動尊。この泣不動の縁起の中で、晴明は不治の病にかかった師とその弟子の命を挿げ替えるという驚きの術を披露。そして自ら身代わりを申し出た弟子を憐れみ、涙を流してその命を救ったのがこの泣不動なのだとか。

注目！ 身代わり不動お守り

絵巻の中で弟子を助けた不動明王の姿が描かれている。カードタイプ

各500円

耳ヨリ！POINT ☑ 絵巻の一場面を描いた押印

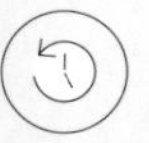

歴史

八大神社

P.115

［宮本武蔵］

240　通常御朱印（宮本武蔵印）

- 500円
- 通年

御神紋とともに、宮本武蔵が大きく押印される一体。武蔵が決闘を繰り広げた地・一乗寺下り松の文字も刻まれる。二刀を構えて戦への闘志を燃やす武蔵が描かれる御朱印帳もあわせて手に入れたい。

剣士・宮本武蔵の勇ましさにひと目惚れ

武蔵がかっこええなぁ

御朱印DATA

- 時間 9:00～17:00
- 通年 2種類
- 限定 3種類
- 郵送 可（HPからメールで申込み）
- URL https://www.hatidai-jinja.com/

一乗寺　TEL 075-781-9076

㊟ 京都市左京区一乗寺松原町1　㊕ 境内自由（授与所9:00～17:00）　¥ 境内自由　㊋ 市バス一乗寺下り松から徒歩7分　㊡ 無休　Ⓟ あり

一乗寺の山際に佇む宮本武蔵ゆかりの神社

宮本武蔵が一乗寺下り松の決闘前に立ち寄った縁から、武蔵ゆかりの地として親しまれています。境内には、決闘当時の歴史を伝える古木も。武蔵の勝ち運にあやかって、試験や仕事など、打ち勝ちたいことをお願いしましょう。

注目！　宮本武蔵像

二刀流の勇ましい宮本武蔵の像。勝負事に勝つパワーをチャージ！

決闘当時の若かりし宮本武蔵

耳ヨリ！POINT　☑ 強さみなぎる宮本武蔵の印

241 義経公、静御前

- 300円
- 通年

雨に縁の深い龍で飾られた神泉苑の角印の上に、それぞれ義経と静御前の姿が描かれた丸印が押されている。この地で出会い結ばれた2人にちなんで、ぜひ2柱あわせていただきたいところ。

並べて見るのもええな

ロマンチックな純愛伝説、ご存知？

御朱印DATA

時間 9:00～16:30
通年 7種類
限定 8種類
郵送 可（HPからメールで申込み）
URL http://www.shinsenen.org/

二条城周辺 TEL 075-821-1466

㊟ 京都市中京区門前町167 ㊕ 8:30～19:30（授与所9:00～17:00） ¥ 境内自由 交 地下鉄二条城前駅から徒歩2分 休 無休 P なし

雨乞いの聖地で2人の運命の出会い

数々の伝説や伝承で彩られる神泉苑。中でも静御前の伝説は神秘的です。99人の白拍子（しらびょうし）をしても雨は降らず、100人目に静御前が舞うとたちまち黒雲が現れて雨が降り注いだのだとか。そこで義経が静御前を見初め、側室にしたと伝わっています。

注目！ 静御前絵馬

神泉苑に舞う静御前を描いた絵馬は、可憐な白拍子姿が印象的

500円

耳ヨリ！POINT ☑ 義経と静御前を描いた印

歴史

誓願寺（せいがんじ）

P.217

［和泉式部（いずみしきぶ）］

242 洛陽六阿弥陀巡礼の朱印

- 300円
- 通年

京都市内の阿弥陀如来像を巡る霊場会のこの御朱印には、阿弥陀様を熱心に信仰したという和泉式部の名が押印されている。過去には、和泉式部の和歌が書かれた限定御朱印も。

和泉式部にならって阿弥陀様にお祈り

御朱印DATA

- 時間 9:00〜17:00
- 通年 8種類
- 郵送 不可
- URL http://www.fukakusa.or.jp/

新京極 TEL 075-221-0958

㊟京都市中京区新京極桜之町453
時 9:00〜17:00 ¥境内自由 交 阪急京都河原町駅または市バス河原町三条から徒歩5分 休 無休 P なし

女性必見！街角のありがた〜いお寺

清少納言や和泉式部など、多くの女性に帰依された女人往生の寺。晩年の和泉式部は近隣に庵を結び、朝な夕なに寺院の本尊を参拝する以外は外出もしないほどだったとか。新京極通に面しているので、買い物の合間にふらっと立ち寄ってみては。

注目！ 茶ふきん「和泉式部」

寺宝の『誓願寺縁起絵巻』の和泉式部を忠実に描いている。全3色

各300円

耳ヨリ！POINT ☑ 和泉式部の印

243 御朱印（紫式部邸宅址）

- 300円
- 通年

『源氏物語』の執筆中だろうか。長い髪が美しい紫式部の朱印がポイント。中央の墨書には「紫式部邸宅址」とある。桔梗の開花時期には、特別に桔梗の印が押されるそうなので要チェック。

あの『源氏物語』が生まれた場所！

御朱印DATA

- 時間 9:00～16:00
- 通年 5種類
- 限定 1種類
- 郵送 可（HPからメール・電話で申込み）
- URL http://www7a.biglobe.ne.jp/~rozanji/

京都御所周辺 TEL 075-231-0355

㊟ 京都市上京区北之辺町397 ㊐ 9:00～16:00 ¥ 500円 ㊋ 市バス府立医大病院前から徒歩5分 ㊡ 源氏庭は2月1日～9日 Ⓟ なし

平安才女・紫式部のルーツに触れる

現在廬山寺が立つ場所には、かつて紫式部の邸宅があったとされています。紫式部は生涯をこの地で過ごし、日本最古の長編小説として知られる『源氏物語』もここで誕生したそうです。紫式部ゆかりの場所で『源氏物語』の世界に思いを馳せてみませんか。

源氏庭

『源氏物語』に登場する朝顔（桔梗）が植えられている

耳ヨリ！POINT ☑ 紫式部ゆかりの地を象徴する印

同聚院(どう じゅ いん)［モルガンお雪］

244　モルガンお雪の満願成就御朱印

- 2社寺合計 1000円
- 期間限定

モルガンお雪に縁が深い、同聚院と折上(おりがみ)稲荷神社のコラボ。働く女性の守り本尊・守り神としてお雪の姿絵が押されている。バラで縁どられた満願成就の印もポイント。2社寺を巡拝し授かろう。

モルガンお雪に続け！
働く女性のミカタです♡

おキレイな人やで！

御朱印DATA

- 時間　9:00～16:00
- 通年　20種類以上
- 限定　3種類
- 郵送　不可
- URL　https://www.doujyuin.jp/

京都駅周辺　TEL 075-561-8821

㊟ 京都市東山区本町15丁目799　㊊ 9:00～16:00　¥ 境内自由（内陣は特別拝観時のみ）　㊇ JR東福寺駅から徒歩8分　㊡ 無休　Ⓟ なし

芸妓であり胡弓の名手お雪さんにあやかろう

明治の伝説の芸妓・モルガンお雪。米国の富豪と結婚後、フランス社交界を魅了し、世界に日本女性の存在を知らしめました。折に触れ彼女が頼みにした同聚院は、古来女性の出世や芸事上達にご利益があることで再び注目を浴びたといいます。

注目！ お雪さんのバラ

お雪を悼みバラの名門メイアン氏が作出した品種・ユキサン。四季咲き

耳ヨリ！POINT　☑ 2つの社寺がコラボした御朱印

245　白雲神社御朱印

- 300円
- 通年

琵琶を家職としていた西園寺家の旧邸宅跡にあり、琵琶を弾く女神である妙音弁財天(みょうおんべんざいてん)が祀られたのが始まりといわれている。押印の琵琶の胴部分には、白雲神社という文字が見て取れる。

耳をすませば
琵琶の音色が聴こえてきそう

御朱印DATA

時間 9:00〜17:00
通年 1種類
郵送 不可

京都御苑　TEL 075-211-1857

住 京都市上京区京都御苑内　時 7:00〜17:00　¥ 境内自由　交 地下鉄丸太町駅から徒歩9分　休 無休　P 131台（中立売駐車場・有料）

「巳(み)の日」ならぜひ早朝参拝に行ってみて

巳の日は弁財天に縁のある吉日。この日に早起きしたのなら、ぜひ「御所の弁天さん」と親しまれる白雲神社に参拝しましょう。この神社では巳の日の早朝7時から参拝式が行われており、だれでも無料でお祓いとお清めが受けられます。

薬師石

通称・御所のへそ石。石を撫でて患部を撫でさすれば治ると伝わる

耳ヨリ！POINT　☑ 雅やかな琵琶の印

モチーフ

大将軍八神社(だいしょうぐんはちじんじゃ)

P.247

［八卦(はっけ)］

246　通常御朱印（星神大将軍）

- 300円
- 通年

墨文字で書かれた「星神大将軍」は、創建の際に勧請し本来祀っていた神様のこと。押印された八卦のマークと同じく、星の巡りを読み解き方位の厄災を除けるのが主である陰陽道にゆかりがある。

当たるも八卦、当たらぬも八卦
あなたの星回りは？

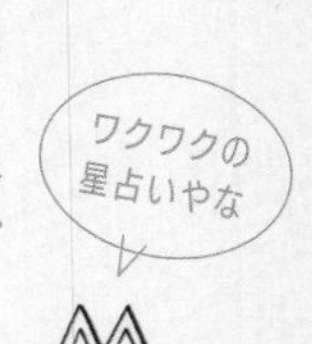

御朱印DATA

- 時間　9:00～17:00
- 通年　1種類
- 郵送　可（HPからメール・電話・FAXで申込み）
- URL　http://www.daishogun.or.jp/

北野天満宮周辺

TEL 075-461-0694

住 京都市上京区一条通御前西入48　時 6:00～18:00　¥ 境内自由（5月1日～5日、11月1日～5日の方徳殿拝観は500円）　交 市バス北野天満宮前または北野白梅町から徒歩5分　休 無休　P 5台

拝殿前に六芒星!?密かに話題のパワスポ

拝殿前で目をひく、見慣れない星のモニュメント。実はその台座の石は八卦をかたどった石で、この神社が元々陰陽道や道教の神を祀っていたことにちなむものです。現在でも一年の星回りを読み解き、ホームページに公開しています。

＼注目！／ 北斗七星十二支守

十二支それぞれのものがあり、赤星の位置や裏面デザインが変わる

500円

耳ヨリ! POINT　☑ 力強い筆致と八卦の印

247　魚梆

- 500円
- 通年

聞き慣れない「かいぱん」の響きだが、実は木魚の原型といわれるもの。その憎めない可愛さからファンが多く、グッズも充実。このほかにも、2020年秋から特別御朱印が登場するかも！

モチーフ

萬福寺（まんぷくじ）

P.238

［魚梆（かいばん）］

憎めない、そのお顔！
ユーモラスな〝木魚〟の印

御朱印DATA

- 時間 9:00〜16:30
- 通年 5種類
- 限定 1種類
- 郵送 不可
- URL https://www.obakusan.or.jp/

中国の情緒漂う境内を隅々まで見て

カン、と乾いた木の音をたどれば、吊るされたユニークな顔の木製の魚。これが魚梆で、現在は主に時報として打ち鳴らされます。この法具のほかにもくずし卍（まんじ）の柵や桃のレリーフなど、細かい意匠に創建当時そのままの中国の風を感じます。

宇治　TEL 0774-32-3900

㊟ 宇治市五ケ庄三番割34　㊍ 9:00〜16:30（最終受付、朱印所・売店含む）　¥ 500円　㊋ JR・京阪黄檗駅から徒歩5分　㊡ 無休　Ⓟ 60台（有料）

魚梆

修行僧の食事時（11時30分）には実際にたたくところを見られるかも

耳ヨリ! POINT ☑ リアルな魚梆の印

モチーフ

聖護院門跡（しょうごいんもんぜき）

P.147

［ほら貝］

248 通常朱印

- 300円
- 通年

その音色が厄を除け、幸せを運んでくるといわれる法具・ほら貝の大きな押印。そして真ん中に書かれた力強い梵字。この2つの要素が、修験道（しゅげんどう）の山伏（やまぶし）のたくましさを思い起こさせる。

聖なる音で厄払い
幸運を呼ぶほら貝

御朱印DATA

- 時間 9:30〜16:30
- 通年 3種類
- 郵送 不可
- URL https://www.shogoin.or.jp/

聖護院 TEL 075-771-1880

㊟ 京都市左京区聖護院中町15 ㊐ 10:00〜16:00 ¥ 境内自由（特別公開時800円） ㊋ 市バス熊野神社前から徒歩3分 ㊡ 無休 Ⓟ 5台

ほら貝の音色に誘われ 修験道・山伏の聖地へ

京の街中に時折、低く響くほら貝の音。聖護院では、年初の寒中托鉢（かんちゅうたくはつ）など様々な修行や法要の際に、修行者たちが意を込めてほら貝を吹き鳴らします。本山修験宗の総本山にあたり、修験道にまつわる役行者（えんのぎょうじゃ）などの仏像も祀っています。

注目！ 法螺（ほら）みくじ

500円

山伏の位が書かれており、最上は峰中出世大先達（ぶちゅうしゅっせだいせんだつ）。これが出たら鼻高々

耳ヨリ！POINT ☑ ほら貝の印とダイナミックな梵字

249 御朱印（賀茂別雷神社 摂社）

- 300円
- 通年

水を司る龍神・高龗神を祀る、上賀茂神社の摂社。鋭いまなざしの龍が持つ宝珠は、すべての願いを叶えてくれる。毎月第2・4日曜のみの授与で数量限定。月2回の境内開放日の朝に参拝するのがおすすめ。

☆ モチーフ

新宮神社
上賀茂神社

インパクト抜群！
渦巻く龍が願いを叶える

御朱印DATA

時間 10:00〜16:00
通年 1種類
限定 なし
郵送 不可
URL https://www.kamigamojinja.jp/shaden-shingu.html

上賀茂神社 TEL 075-781-0011

住 京都市北区上賀茂本山339 時 5:30〜17:00 ¥ 境内自由 交 市バス上賀茂神社前（御薗口町）から徒歩3分 休 毎月第2・4日曜のみ参拝可能 P 170台（有料）

一部不可

月に2回の御開門 このチャンスに必訪！

水害で貴船神社に参拝できなくなった際、その分霊を祀ったのが由来とされる社。毎月第2・4日曜の開放日には、願いを叶える「御神楽祈願」が行われます。参拝後には、願いを叶える龍のパワーにあやかった天の御鈴にお祈りを。

注目！ **御神楽祈願**

巫女による祈願成就。参拝後、毎月色の異なる御幣をいただける

耳ヨリ！POINT ☑ 天まで昇る龍の押印

☆
モチーフ

八坂神社(やさかじんじゃ)

P.101
P.124
P.127
P.157
P.178

［神獣］

250 青龍朱印

- 500円
- 通年

京都・東山を守護する聖獣「青龍」のエネルギーをいただける八坂神社。御朱印にも青龍が大きく描かれ、私たちの祈りを温かく見守ってくれている。守り神・青龍のパワーが心強い。

京都を守る龍にあやかって運気UPのパワーをいただく

御朱印DATA

時間 9:00〜18:00
通年 13種類
限定 4種類
郵送 可（HPの申込書に記入のうえ、郵送で申込み）
URL http://www.yasaka-jinja.or.jp/

祇園 TEL 075-561-6155

㊟ 京都市東山区祇園町北側625 ㊣ 境内自由（授与所9:00〜18:00） ¥ 境内自由 交 市バス祇園からすぐ 休 無休 P なし
（要問合わせ）

本殿下に龍が潜む!? 青龍に守られる社

古くから「四神」と呼ばれる東西南北を守護する聖獣たちに守られてきた京都。八坂神社がある東山は青龍が守護しています。本殿の下には、風水において繁栄する場所を表す龍穴(りゅうけつ)が。青龍が住んでいるともいわれるエネルギースポットです。

注目！ 青龍石(せいりゅうせき)

1000円

龍穴から湧く清水で祓い清めた石。家の東に置くと福を呼ぶ

耳ヨリ！POINT ☑ 1日限定300枚の御朱印 ☑ 青龍

251 白虎朱印

- 500円
- 通年

嵐山を象徴する竹林を背景に、鋭い眼光やツメが生き生きと描かれた白虎。都の西方を守る霊獣にふさわしい、金と銀の箔が散らされたきらびやかな台紙でいただける。

モチーフ

松尾大社（まつのおたいしゃ）

P.127

［霊獣］

バッチリ守ってくれそうな勇猛な白虎のお姿！

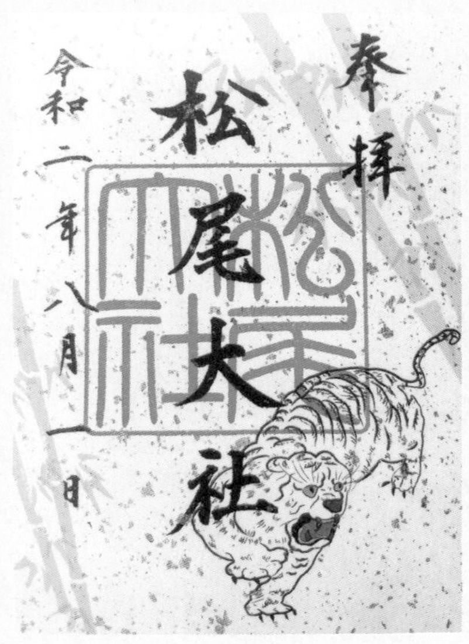

めっちゃかっこいい！

御朱印DATA

時間 9:00〜16:00
通年 2種類
郵送 不可
URL http://www.matsunoo.or.jp/

松尾 TEL 075-871-5016

住 京都市西京区嵐山宮町3 時 5:00〜18:00 ¥ 庭園・神像館共通500円 交 阪急松尾大社駅から徒歩3分 休 無休 P 100台

一部不可

平安京よりも古い！西の守護と酒神の社へ

始まりは飛鳥時代の社殿建立よりも昔、古代から山の神を祀っていたことだとか。境内で目をひくのは、とりどりの銘柄が積まれた酒樽。ここを氏神とした豪族・秦（はた）氏の特技が酒造だったことから「日本第一酒造神」としてあがめられています。

注目！

白虎おみくじ

丸いフォルムの可愛さで人気。家の中の西側に、東を向けて置いて

御朱印の姿とのギャップがすごい

500円

耳ヨリ！POINT ☑ 箔が散らされた台紙と多色の絵

熊野若王子神社 [神獣]

252 京洛東那智

- 300円 - 通年

押印は三本足の太陽の化身・八咫烏。神武天皇を大和の国まで先導したという神話から、導きの神、交通安全の神として信仰される。

八咫烏よ、開運に導いて！

御朱印DATA

時間 9:00～17:00
通年 3種類 限定 1種類
郵送 可(HPからメール・郵送・FAXで申込み)
URL https://nyakuouji-jinja.amebaownd.com/

大自然をぎゅっと凝縮 京都版熊野詣に行こ！

熊野権現を勧請した京都三熊野の一つで、那智の滝を望む熊野那智大社に相当します。神社奥の小さな滝や奇岩まで巡れば、熊野詣を体験したかのような気分に。

哲学の道 TEL 075-771-7420

㊟ 京都市左京区若王子町2 ㊔ 境内自由（社務所は9:00～17:00） ¥ 境内自由 ㊋ 市バス南禅寺・永観堂前または東天王町から徒歩10分 ㊡ 無休 Ⓟ 3台

一部不可

大豊神社 [神獣]

253 御朱印（子）

- 400円 - 通年

ねずみの形に見立てた「子」の文字が記される。御祭神・大国主命がねずみに助けられたという故事も、短文ながら読みごたえあり。

「子」の字に耳としっぽがついてる♪

御朱印DATA

時間 9:00～17:00
通年 4種類
郵送 可(電話で申込み)

ピンチを救う!? 狛犬ならぬ“狛ねずみ”

社殿前では意外や意外、“狛ねずみ”が出迎えてくれます。祭神の伝承にちなんでいるのだとか。風光明媚な椿ヶ峰にあり、境内では季節の山野草にも心癒されます。

哲学の道 TEL 075-771-1351

㊟ 京都市左京区鹿ケ谷宮ノ前町1 ㊔ 境内自由 ¥ 境内自由 ㊋ 市バス宮ノ前町から徒歩5分 ㊡ 無休 Ⓟ 5台

耳ヨリ！POINT ☑ ねずみをイメージした「子」の字

新春に巡りたい!

都七福神めぐり

商売繁盛や開運招福、健康長寿などのご利益で知られる七福神。
京都に点在する7社寺を巡拝して、幸運をたっぷり授かりましょう。

7つの御宝印を集めて より大きなご利益を!

室町時代に京都で始まったと伝わる七福神信仰。1月に七福神めぐりをすると、難を滅ぼして福を呼ぶ「七難即滅(しちなんそくめつ)、七福即生(しちふくそくしょう)」の功徳が大きいとされています。1月2日に七福神が宝船に乗った絵を枕の下に入れて寝ると幸運が訪れるという言い伝えもあるとか。

大護符という色紙に御宝印と呼ばれる御朱印を7つ揃えて飾り、福運に恵まれた一年を祈念しましょう。大護符のデザインが社寺ごとに異なるのも楽しいポイントです。

幸せを招く 七福神はコチラ

① ゑびす神 -- **京都ゑびす神社** ＞P.100
② 毘沙門天 -- **東寺** ＞P.152,187
③ 布袋尊 ----- **萬福寺** ＞P.232
④ 弁財天 ----- **六波羅蜜寺** ＞P.163
⑤ 大黒天 ----- **松ヶ崎大黒天**
⑥ 福禄寿神 -- **赤山禅院**
⑦ 寿老神 ----- **革堂**

御朱印DATA

時間 **料金** **休み** **社寺により異なる**

問合わせ：都七福神事務局／六波羅蜜寺
℡ 075-561-6980

巻末特集

御朱印帳 CATALOGUE

社寺の宝物を持って歩く！

文化財の御朱印帳

社寺にある襖絵や屏風、掛け軸などの宝物が、御朱印帳の表裏に装丁されている。眺めるだけで嬉しくなれる、自慢の御朱印帳。

誰もが知ってるあの屏風

建仁寺 >P.164

雲龍

雲龍図は1599年に安国寺恵瓊が移築した、方丈に描かれた50面の襖絵の一部で海北友松の筆によるもの。現在は複製の展示。郵送不可　1500円

風神雷神

俵屋宗達筆の国宝風神雷神図屏風。建仁寺大書院で見られる大迫力の絵は必見！（高精細複製品）御朱印は別途300円、郵送不可　1500円

風雅さ、超一流！

旧嵯峨御所 大本山 大覚寺 >P.143・181

―野兎図（木目調）―

正寝殿の腰障子12面の板部分に描かれた、可愛らしいウサギの絵。江戸時代に描かれた重要文化財。郵送可　1500円（御朱印帳のみ）

―牡丹―

狩野山楽筆の18面ある襖絵は、宸殿・牡丹の間にある重要文化財。大ぶりな牡丹の絵が美しい。郵送可　1700円（御朱印帳のみ）

髑髏図をお持ち帰り　宝蔵寺 >P.64・141

オリジナル朱印帳（3種類）

宝蔵寺は伊藤家親族の菩提寺。こちらの朱印帳は、宝蔵寺に伝わる若冲筆の「髑髏図」と「竹に雄鶏（ゆうけい）図」、裏面には若冲の弟・白歳（はくさい）筆「南瓜（なんきん）雄鶏図」が装丁される。郵送可（不定期に実施）　各2200円

まるで杉戸絵のレプリカ
養源院 >P.62

白象木製御朱印帳

俵屋宗達筆の杉戸絵が有名な養源院。白象、唐獅子などが描かれる中、木製の御朱印帳には普賢菩薩が乗る霊獣の白象が彫られている。郵送不可　2800円

虎の迫力が伝わる
南禅寺 >P.165

群虎図朱印帳

狩野探幽筆と伝わる「群虎（ぐんこ）図」は、南禅寺本坊小方丈の三之間にある。生き生きと描かれた虎は、今にも飛び出して来そうな迫力。郵送可　1400円、朱印込み1700円

本家本元の戯画がここにあり
高山寺 >P.191

朱印帖
国宝鳥獣人物戯画

日本マンガのルーツともいわれる、国宝・鳥獣人物戯画は高山寺の宝物。甲巻に描かれるウサギやサルなどの絵が特に有名。うすべに色、もえぎ色の2色あり。郵送可　各2000円

品格あるデザインにひと目惚れ

紋と刀剣の御朱印帳

寺紋や家紋がバーンと入った御朱印帳と、刀剣をデザインに取り込んだ御朱印帳。どれも素敵で思わず手が伸びちゃう。

皇室ゆかりの寺院だから

仁和寺（にんなじ） ＞P.113・191

仁和寺御朱印帳「エンジ」

開山から約1000年もの間、皇室出身者が住職を務めた門跡寺院。皇室とのゆかりが深いからこそ、菊御紋が表紙を飾る。ほかに紺色があるので、恋人、夫婦で揃えてもよさそう。郵送可　1400円

菊輪宝（きくりんぼう）という延暦寺の紋

比叡山延暦寺（ひえいざんえんりゃくじ） ＞P.192

御朱印帳（御納経帳）

比叡山延暦寺は、日本仏教の母山と仰がれる聖地。寺紋は比叡山に自生する叡山菊に、仏教の法輪を重ねたもの。皇室の菊御紋は、最澄が捧げた叡山菊に由来するともいわれる。色は数種類ある。郵送不可　2000円

配色も奇抜な、信長の紋

本能寺（ほんのうじ） ＞P.221

織田木瓜の御朱印帳

織田信長が明智光秀に襲われた「本能寺の変」で、命を落とした信長と家臣らの墓があるお寺。信長ファンなら要チェックの御朱印帳は、黒地に赤でアクセントをつけた「織田木瓜」が鮮やか。郵送不可　2000円

蘇った名刀・鶴丸！

藤森神社 ＞P.120・158・178

御朱印帳「鶴丸」

藤森神社は武運長久で名高い社。2018(平成30)年に刀匠・藤安将平氏により再現された、名刀・鶴丸の奉納を記念して、御朱印帳を新調。郵送不可　2000円

御朱印帳「紺色」

夜桜に刀が光るイメージの、デザインが美しい御朱印帳。藤森神社には多くの刀剣が、戦勝祈願とその祈願成就の感謝で奉納された。郵送不可　2000円

御朱印帳ではなく、誠帖

壬生寺 ＞P.184

限定誠帖

新選組の羽織をイメージしたデザインが素敵な誠帖。アルバムや思い出帳など多目的に使ってほしいから、御朱印帳とは言わないそう。いずれも数量・期間限定の品なので、売り切れ御免！郵送不可

2020年度近藤勇版2200円

2020年度土方歳三復刻版2500円

気になるのは、どっち？

建勲神社 ＞P.144・180・220

薬研藤四郎

「天下布武」とは織田信長が、書面に押印した印の文字。「薬研藤四郎」とは本能寺の変の時、信長とともに炎の中に消えた短刀の名。御朱印帳の裏面には、身体御守護と押される。郵送不可　1200円

宗三左文字

「宗三左文字」は刀身の茎の部分に、所有した信長が金象嵌銘を入れさせた。御朱印帳の表には刀身、裏には開運御守護と押される。郵送不可　1200円

豪華な装丁、木製ケース付き

北野天満宮 ＞P.10・105・133・154・180

新鬼切丸御朱印帳

木製ケースがセットになった鬼切丸の御朱印帳。鬼切丸の刀身が金色に光る帳面には、北野天満宮の刀剣御朱印をズラリと貼りたい！郵送不可　3000円

自分だけの一冊という究極の特別感！

オリジナルイラストの御朱印帳

手描きの御朱印だけでも嬉しいのに、御朱印帳も
手描きデザインなんてすごすぎる!! 中には本当に手描きされるものも！

なんと!! 表紙も御朱印？

清聚院 ＞P.42

手描き御朱印帳

無地の御朱印帳が2色あり、色を決めたら住職が描き出す。御朱印同様、手を止めずに悩み事を聞きながら描かれる。（図案1種類、御朱印代別途）
郵送不可　4000円

布張りの装丁に直書き！

圓常院 ＞P.16

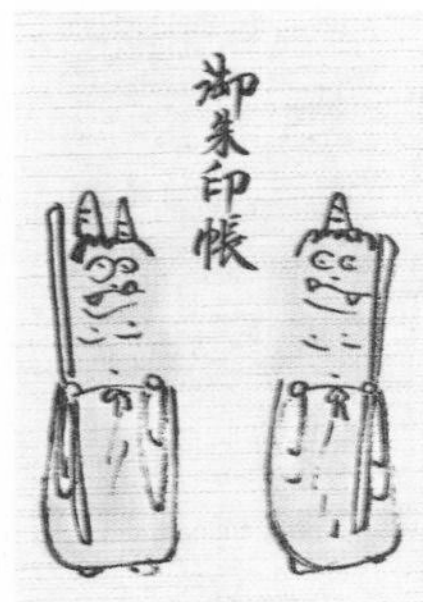

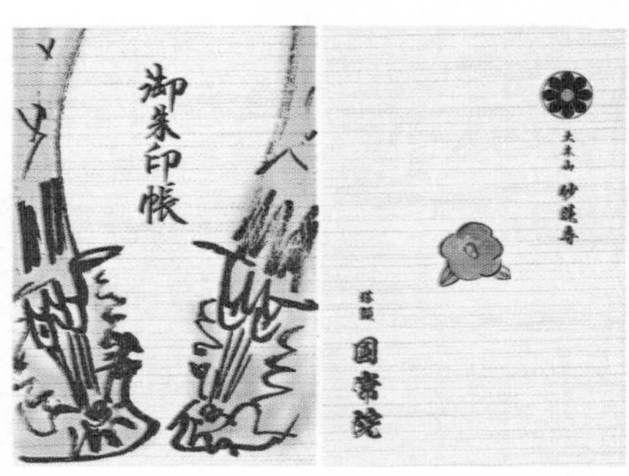

オリジナル御朱印帳
（右：双龍、
左：鬼姿寒山拾得）

まるごと御朱印をいただく時や、自分の御朱印帳を忘れて圓常院へ参拝した時は、この御朱印帳をゲットするチャンス！装丁と御朱印がお揃いのイラストになる機会など、そうそうない。（御朱印代別途）
郵送可　各2000円

御朱印にも描かれるお地蔵さん

證安院 > P.22・169

オリジナル
お地蔵さんの御朱印帳

御朱印と同じ表情豊かなお地蔵さんが、
賑やかに装丁を飾る。郵送不可
各2200円（御朱印なしの値段）

○の中は屏風の絵

長興院 > P.26

オリジナル御朱印帳

御朱印帳の装丁にある絵と文字は、長興院にある十牛（じゅうぎゅう）図屏風に描かれるもの。中に手描きの見開き御朱印四体が、直書きされて授与。御朱印、御朱印帳とも意匠は毎年変わる。直書き御朱印は貴重！
郵送可　御朱印代込み6000円

可愛くて、絵本みたい！

尊陽院 P.50

ハス じぞうっ子
オリジナル御朱印帳

見開きサイズの御朱印を折らずに貼れる。御朱印と同様、アーティストmikiさんのイラスト。見開きサイズを開いて、お題目が書かれる。
郵送可　3000円

絵入り御朱印が直書きされる

大雄院 > P.30・118

大雄院
襖絵プロジェクト記念
御朱印帳（左・夏冬 右・春秋）

本堂にある襖絵を描いた絵師・柴田是真（しばたぜしん）は、戦前まであった明治宮殿・千種の間の花の丸大天井を描いた。御朱印帳は、是真の花の丸図案。御朱印1P直書き付き。郵送可　各2000円え〜！選ぶなんてできないし全部欲しい!!

目移り必至な御朱印帳

どれも可愛くて、きれいで、カッコいい！どこの社寺の御朱印帳も、
力が入っていてレベル高し。選び切れないから、自分みやげは御朱印帳？

繊細な切り絵を手元に

勝龍寺 ＞P.46・150

龍の切り絵御朱印帳

美しい切り絵が表装に！この図案は、心の陰陽を統合して、道を切り開くという意味が込められている。切り絵の図案、色は随時変わる。郵送不可　2000円

手触りも心地よい友禅和紙

城南宮 ＞P.66・98・104・127

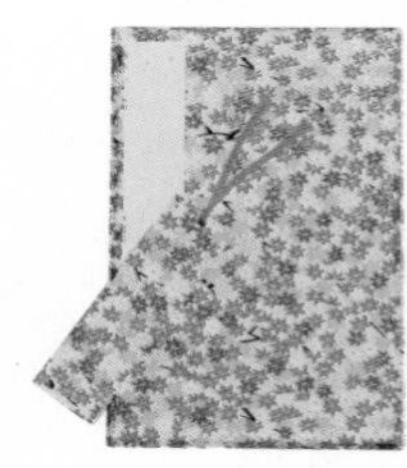

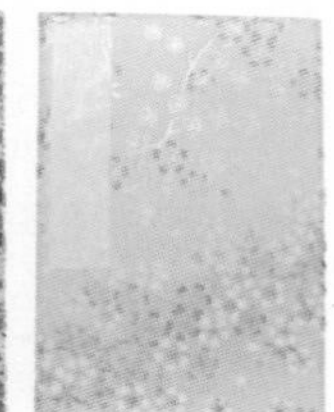

御朱印帳（左：紅葉、右：桜ブルー）

丈夫で使いやすく、手触りのよい友禅和紙で装丁された御朱印帳は、同じ柄の栞（しおり）も1枚セットでいただける。他にも色柄が違う御朱印帳もあり。　各1500円

水の神の美しい水玉模様

貴船神社 P.128・173

朱印帳（水玉ピンク）

貴船神社の御祭神・高龗神（たかおかみのかみ）は水を司る神様。清らかな水玉で高龗神と御神徳が表現されている。
1500円

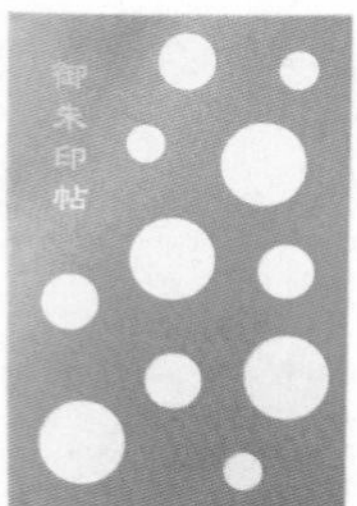

装丁はただの布じゃない！

満足稲荷神社 ＞P.214

御朱印帳
「幟」（左：朱、右：白）

神社などで見かける、細長い旗を「幟」という。満足稲荷神社の未使用の幟を装丁に使用。何が書かれているのかわからない、現代アートのような斬新さがいい。郵送可　各2000円

宝物の天球儀が意匠に

大将軍八神社 > P.231

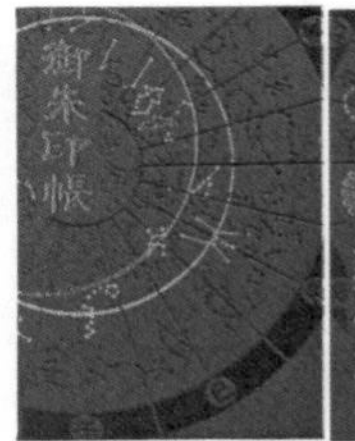

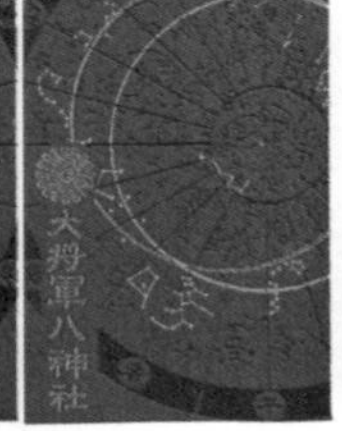

オリジナル御朱印帳

境内の宝徳殿に所蔵される江戸時代に作られた天球儀の、星や星座がモチーフに使われる。郵送可　1500円（郵送代別）

「御香水」にちなんだ絵柄

御香宮神社 > P.94・158

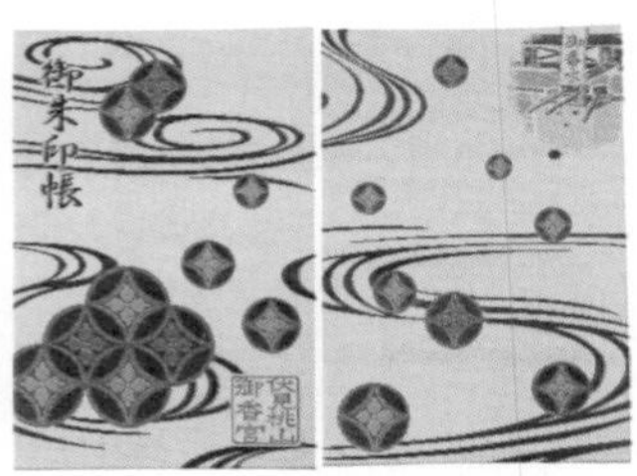

オリジナル御朱印帳

神社名の由来となった「御香水」をデザインに。清々しい御香水の流れを連想させる。郵送不可　1800円

京の都の中心は平安神宮

平安神宮 > P.127・148

オリジナル御朱印帳

四神相応の地として選ばれ遷都された平安京。東西南北に神獣を配し、中央に描くのは平安神宮。郵送不可　1500円

八咫烏と梛の葉が導いてくれる

京都熊野神社 > P.70・216

八咫烏と梛

熊野から大和へ神武天皇を案内したという八咫烏と、御神木の梛の葉。どちらも縁起良さそう！郵送不可　1500円

ありそうで無かった龍馬の姿

霊明神社 > P.183

御朱印帳（鳥の子）

坂本龍馬ら、勤王の志士たちを葬送した聖地・霊明神社の御朱印帳。日本を背景にする龍馬の姿。郵送可　2200円

いつ見ても笑顔がこぼれる

平等寺 > P.208

オリジナル御朱印帳

ひたすらキュートな御朱印帳！インコは病や苦しみが飛び去ってしまうように、「in幸」という語呂合わせでモチーフになった。慈悲の心が詰まっている。郵送不可　各1200円

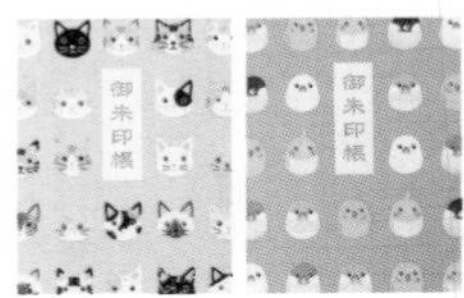

社寺以外でも手に入る♪

城 / 特別公開 / ショップ系 御朱印帳

雑貨屋さんや紙を扱うお店などでも買える御朱印帳。選ぶポイントは、毛筆での書きやすさ、裏写りしない紙の厚さ。そしてルックスの良さ！

お城で買える御城印帳

元離宮二条城（もとりきゅうにじょうじょう） ＞P.194

元離宮二条城 御城印帳（ごじょういんちょう）

二の丸御殿の遠侍、二の間にある障壁画・竹林群虎図からの意匠。紙の御城印(書置きのみ)を入れられるポケットタイプの便利な御城印帳。御城印は、御朱印と分けて保管しよう。郵送不可　2860円

特別公開でもゲット可能!?

京都古文化保存協会（きょうとこぶんかほぞんきょうかい）

オリジナル御朱印帳とエコバッグセット

「京都非公開文化財特別公開」を主催する協会が、開催期間中の一部社寺で販売するセット。エコバッグは靴袋にも使える優れもの！期間外でも郵送可　2000円

市内各所　TEL 075-451-3313

㊕ 10:00～16:00（電話受付）　㊡ 特別公開は各所異なる、通常時協会は土・日曜、祝日　[URL] http://www.kobunka.com/

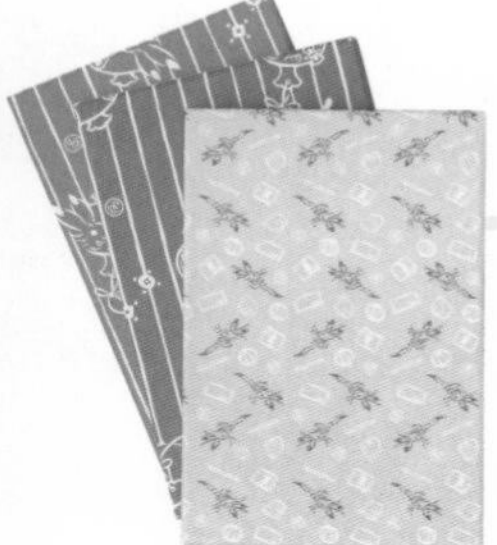

鳥獣人物戯画風のパターンが素敵

嵩山堂はし本（すうざんどうはしもと）

御朱印帳

鳥獣人物戯画のウサギをモチーフにした、和風でちょっと大人なデザイン。黄：とがのをうさぎ、青・赤：小槌うさぎ 通販あり　各1540円

河原町　TEL 075-223-0347

㊟ 京都市中京区六角通麩屋町東入ル八百屋町110　㊕ 10:00～18:00　㊋ 阪急京都河原町駅から徒歩10分　㊡ 無休　Ⓟ なし

[URL] https://suuzando.co.jp/

京都発の美テキスタイル　petit à petit（プティ タ プティ）

御朱印帳

京都の風景や自然の景色をベースにフランスのエッセンスを加えた、甘すぎないお洒落なテキスタイル。装丁はイラストをプリントした布製。便利なゴムバンドつき。左：山、右：虹花
通販あり　各3025円

御朱印帳袋（巾着）
2992円
鳥（ロワゾ）ピンク

御所南　TEL 075-746-5921

㊟ 京都市中京区寺町通夷川上ル藤木町32　㊑ 10:30～18:00
㊫ 地下鉄京都市役所前駅から徒歩6分　㊡ 木曜　Ⓟ なし
[URL] http://petit-a-petit.jp/

和テイストのテキスタイルデザインが可愛い　SOU・SOU（ソウ ソウ）足袋（たび）

御朱印帳

日本の四季や情緒をポップに仕立てた、珠玉のデザイン。他では見られない色柄の御朱印帳は、自慢しながら持ち歩きたい！左：ほほえみ 1980円、右：雲間と鳥獣戯画（和綴じ）1100円
通販あり

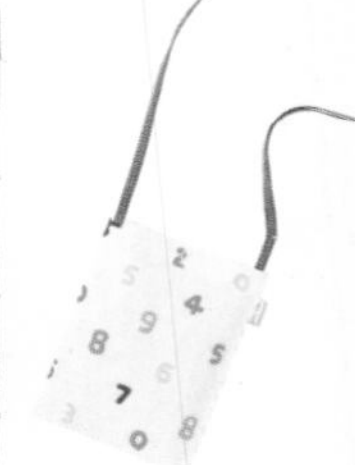

伊勢木綿 御朱印帳袋SO-SU-U 五色（ごしき）1078円

河原町　TEL 075-212-8005

㊟ 京都市中京区新京極通四条上ル中之町583-3　㊑ 11:00～20:00（営業時間短縮中は12:00～）　㊫ 阪急京都河原町駅または市バス四条河原町から徒歩5分　㊡ 無休　Ⓟ なし　[URL] sousou.co.jp

デッドストックの素材を活用
パスザバトン京都祇園店（きょうとぎおんてん）

京都祇園店限定オリジナル朱印帳

すでにあるものを大切にし、新たな価値を創造するセレクトリサイクルショップ。メーカーの倉庫に眠っていた、京友禅紙を表装に使う。2つと同じ柄の出方がなく、入荷も不定期。 通販なし　各1980円

祇園　TEL 075-708-3668

㊟ 京都市東山区末吉町77-6　㊑ 11:00～20:00（日曜、祝日は～19:00）
㊫ 京阪祇園四条駅または市バス四条京阪前から徒歩3分　㊡ 不定休　Ⓟ なし
※閉店

105 今宮神社 ―――― P.199
106 市比賣神社 ―――― P.201
107 美御前社（八坂神社）―――― P.203
108 御寺 泉涌寺（楊貴妃観音堂）― P.204
109 護王神社 ―――― P.206
110 新熊野神社 ―――― P.207
111 平等寺（因幡薬師）―――― P.208
112 仲源寺（めやみ地蔵）―― P.209
113 疫神社（八坂神社）―― P.211
114 御金神社 ―――― P.212
115 満足稲荷神社 ―― P.214
116 出世稲荷神社 ―― P.215
117 雑太社（下鴨神社）―――― P.216
118 芸能神社（車折神社）―――― P.217
119 誓願寺 ―――― P.217
120 本能寺 ―――― P.221
121 豊国神社 ―――― P.223
122 清浄華院 ―――― P.224
123 同聚院 ―――― P.229
124 白雲神社（京都御苑）―――― P.230
125 大将軍八神社 ―― P.231
126 萬福寺 ―――― P.232
127 新宮神社（上賀茂神社）―― P.234
128 松尾大社 ―――― P.236
129 熊野若王子神社 ― P.237
130 大豊神社 ―――― P.237

京都 たのしい 御朱印MAP

気になる御朱印をいただける神社やお寺の位置関係を
ざっくり把握して、効率よく御朱印めぐりをたのしもう。

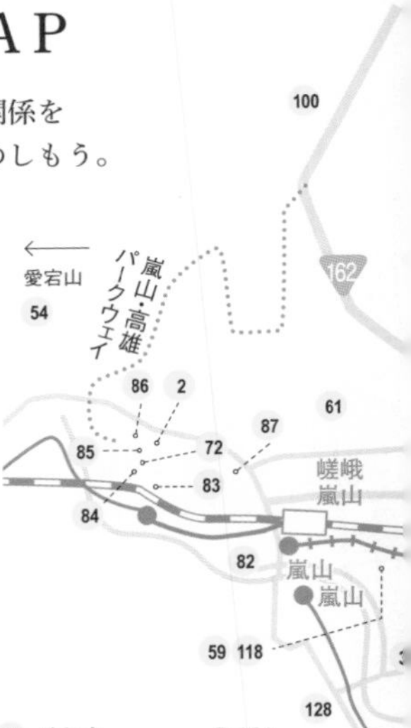

※MAPはおおまかな位置図です。　※ページ数は初出ページを記載しています。

INDEX

社寺

その他

参考文献

『大きくてよくわかる京都の御朱印』梓 結実著、淡交社／『まだまだあります 京都の御朱印Ⅱ』梓 結実著、淡交社／『御朱印さんぽ 関西・北陸・瀬戸内の寺社』JTBパブリッシング／『刀剣画報 京のかたな旅 刀剣聖地巡礼ガイド』ホビージャパン／『神社のいろは』神社本庁監修、扶桑社／『神話のおへそ』神社本庁監修、扶桑社　ほか、各社寺HPなど

片山 直子（かたやま なおこ）

編集者・ライター。千葉県出身。京都に移り住んで20年来、編集プロダクションにて、多くの京都のガイドブックやパンフレットなどの編集に携わった後、文化財保護団体に勤務。神社やお寺への知識を深めると同時に文化財の大切さを実感する。現在は松尾大社の近くに住み、感謝の気持ちを常に持ちながら各地の社寺巡りを楽しんでいる。著書に『京都たのしい社寺カタログ』（朝日新聞出版）がある。

取材・執筆協力	ひでみ企画（池内美沙紀、玉置桃香、竹下枝里子、杉山由夏、白幡香織、横川志栄、川尻陽子）
特別協力	梓結実
撮影	児嶋肇
MAP	ひでみ企画（松井美弥子）
イラスト	fancomi
カバー題字	證安院 村上智子
デザイン	八木孝枝
企画・編集	朝日新聞出版 生活・文化編集部（岡本咲、白方美樹）

京都たのしい御朱印カタログ

2020年11月30日 第1刷発行
2023年 9 月30日 第3刷発行
著　者 片山直子
発行者 片桐圭子
発行所 朝日新聞出版
〒104-8011 東京都中央区築地5-3-2
（お問い合わせ）
infojitsuyo@asahi.com
印刷所 大日本印刷株式会社

Published in Japan by Asahi Shimbun Publications Inc.
ISBN 978-4-02-333994-1